国家自然科学基金（编号：71503144）
清华大学–INDITEX可持续发展基金（编号：TISD201910）
清华大学–INDITEX可持续发展基金（编号：TISD201912）

识别

吸纳

协同

企业利益相关者管理模型的研究

龚洋冉　钱小军◎著

企业管理出版社
ENTERPRISE MANAGEMENT PUBLISHING HOUSE

图书在版编目（CIP）数据

识别、吸纳、协同：企业利益相关者管理模型的研究 / 龚洋冉，钱小军著. —北京：企业管理出版社，2023.11
ISBN 978-7-5164-2940-2

Ⅰ.①识… Ⅱ.①龚… ②钱… Ⅲ.①企业经济－经济利益－研究 Ⅳ.①F270

中国国家版本馆CIP数据核字（2023）第182657号

书　　名：	识别、吸纳、协同：企业利益相关者管理模型的研究
书　　号：	ISBN 978-7-5164-2940-2
作　　者：	龚洋冉　钱小军
策　　划：	寇俊玲
责任编辑：	寇俊玲
出版发行：	企业管理出版社
经　　销：	新华书店
地　　址：	北京市海淀区紫竹院南路17号　　邮　　编：100048
网　　址：	http://www.emph.cn　　电子信箱：1142937578@qq.com
电　　话：	编辑部（010）68701408　　发行部（010）68701816
印　　刷：	北京亿友创新科技发展有限公司
版　　次：	2023年12月第1版
印　　次：	2023年12月第1次印刷
开　　本：	710毫米 × 1000毫米　　1/16
印　　张：	13印张
字　　数：	160千字
定　　价：	68.00元

版权所有　翻印必究　·　印装有误　负责调换

前　言

企业与利益相关者的关系问题在经济、社会实现高质量、可持续发展中受到了学界、业界和政界的广泛关注。经过30年的研究，目前该领域已经取得较快的进展，相关的概念、理论和应用场景不断涌现，但是依然缺乏一个整体、系统、发展的理论模型来定义企业与利益相关者之间的关系。这就阻碍了企业利益相关者理论的进一步发展。

通过理论研究，本书构建了一个以企业为中心的利益相关者管理过程框架并提出了三个理论命题，尝试回答三个问题："企业对谁进行利益相关者管理？""企业如何进行利益相关者管理？""企业如何通过利益相关者管理使自身和社会获益？"。本书提出，企业的利益相关者管理体现为一个行为过程，即企业识别、吸纳、协同利益相关者，使用对应的企业机制，分别对企业行为、企业绩效和企业整体价值产生影响，随着管理过程的深入，其产生的影响逐渐递进。

基于已有的研究进展，本书设计了三个子研究以验证、完善和发展这三个理论命题。结合研究目标和数据可得性，本书采取定量和定性相结合的研究方法。第4章和第5章是基于我国A股上市公司数据的定量实证研究。第4章采取了CSR披露行为在企业间连锁董事会网络中"扩散—采纳"这一经典情境，验证了企业识别利益相关者对企业行为的影响。第5章将企业设立专职的CSR部门——一种典型的利益相关者管理流程——作为研究情境，验证了企业吸纳利益相关者参与日常经营管理对企业绩效的影响。第6章是定性案例研究，选取了我国两个互联网企业作为研究对象，基于访谈数据和二手资料数据，从归纳和演绎相结合的视角，描述、提炼和分析了企业识别、吸纳和协同利益相关者对企业共享价值的影响过程，提出了企业实现共享价值的利益相关者管理过程模型，证明并发展了企业协同利益相关者对企业整体价值的影响。

  本书从理论和实践两方面对企业利益相关者管理领域做出了贡献。理论方面，本书提出的企业利益相关者管理模型验证、完善和发展了领域内的关键议题，为实现本土理论创新奠定基础。实践方面，本书的研究对象涉及企业社会责任、企业扶贫等多个现实情境和上市公司、新兴互联网企业等多种企业群体，研究发现和结论为企业在未来建设利益相关者管理体系奠定了基础，同时也对国家监管部门推动和规范企业履行社会责任的政策顶层设计具有一定的参考价值。

  本书的研究和出版受到国家自然科学基金（编号：71503144）、清华大学-INDITEX可持续发展基金（编号：TISD201910）、清华大学-INDITEX可持续发展基金（编号：TISD201912）的支持。

  恳请各位读者不吝指正。

龚洋舟

2023年6月

目 录

第 1 章　引　言 / 1

  1.1　研究背景 / 2
  1.2　研究目标和问题 / 7
  1.3　研究意义 / 14
  1.4　研究特色 / 17
  1.5　研究方法和结构安排 / 20

第 2 章　文献综述和研究进展 / 25

  2.1　企业利益相关者理论的源起和进展 / 26
  2.2　企业利益相关者管理对企业行为的影响 / 33
  2.3　企业利益相关者管理对企业绩效的影响 / 36
  2.4　企业利益相关者管理对企业整体价值的影响 / 38
  2.5　本章小结 / 40

第 3 章　理论框架和子研究概述 / 41

  3.1　企业利益相关者管理过程框架 / 42
  3.2　框架下辖子研究概述 / 53
  3.3　本章小结 / 57

第 4 章　企业间不同动机披露 CSR 报告对后序企业披露的影响 / 59

  4.1　研究小引 / 60

4.2 研究假设 / 64
4.3 研究设计 / 67
4.4 实证结果 / 74
4.5 本章小结 / 93

第 5 章 企业成立专职 CSR 部门对企业社会绩效的影响 / 97

5.1 研究小引 / 98
5.2 研究假设 / 101
5.3 研究设计 / 104
5.4 实证结果 / 112
5.5 本章小结 / 124

第 6 章 企业识别、吸纳和协同利益相关者对企业共享价值的影响 / 127

6.1 研究小引 / 128
6.2 研究方法和设计 / 133
6.3 案例描述和分析 / 138
6.4 本章小结 / 155

第 7 章 研究结论与讨论 / 159

7.1 研究结论 / 160
7.2 研究贡献 / 169
7.3 研究启示 / 174
7.4 研究的局限和未来方向 / 179

参考文献 / 181

第 1 章
引 言

1.1 研究背景

随着企业与社会之间相互影响的不断加深，利益相关者（Stakeholders）逐渐成为继股东（Shareholder）之后企业决策所考虑的首要对象。企业与利益相关者的关系不仅成为企业生存和发展的决定性因素，对于社会的进步也有着深远影响。正如2020年1月达沃斯年会上，世界经济论坛（World Economic Forum, WEF）创始人Klaus Schwab所倡议的：企业现在必须完全接受利益相关者理念，这意味着他们不仅要使利润最大化，还要运用自己的能力和资源，与政府及社会共同解决未来10年最关键的问题，积极打造一个更具凝聚力和可持续发展的世界。"

我国目前所处的发展阶段也要求企业不断提升自身利益相关者管理能力，关注经济效益和社会效益的统一，为国家战略的实施贡献自己的力量。党的十八大（2012年）以来，国家要求企业在脱贫攻坚战中发挥积极作用；党的十九大（2017年）提出的高质量发展战略强调了企业需要通过转型升级实现高质量发展——"努力向产业链、价值链中高端攀升"（人民日报报道，2018）；2018年，证监会在《上市公司治理准则》的修订说明中明确指出，A股市场的上市公司未来面对社会公众的非财务信息披露需要围绕企业环境信息、企业社会责任信息和企业治理信息（Environment, Society, Governance, ESG）的框架组织内容，这比以往的企业非财务信息披露（如企业社会责任报告、企业可持续发展报告）覆盖的利益相关者范围都要广泛和明确。

与此同时，互联网企业的蓬勃发展也为企业与利益相关者之间的关系提出了新的议题。随着移动互联网时代的到来，除了已有的互联网技术业务，例如，搜索网站、资讯门户网站、电子邮箱等，互联网企业还深度涉足了金融保险、零售物流、智能制造、文旅外卖等众多服务。这引发了诸如"互联网企业的边界在哪里"的广泛讨论，对互联网企业应如何处理与利益相关者群体之间的复杂关系的疑问是该讨论的出发点之一。

所以，本书将围绕企业利益相关者管理及其对企业和社会的影响这一现实议题开展研究。该议题与很多社会现象相关，本书将重点关注以下社会现象作为研究背景。

1.1.1 倡导企业履行社会责任的制度环境不断完善

21世纪以来，以企业履行社会责任、实施常态化利益相关者管理为主题的倡议、制度和管理工具在国际和国内蓬勃发展。

国际层面的典型事件是国际标准化组织（International Standardization Organization, ISO）在2010年颁布《社会责任指南标准》（ISO 26000: 2010 *Guidance on social responsibility*）。ISO 26000阐述了组织的社会责任，并对其中可能涉及的利益相关者进行了界定。它提出组织的社会责任实践包括两项基本内容——社会责任意识和利益相关者管理，具体分为7个目标：公司／组织治理、人权、劳工、环境、公平运营实践、消费者以及社区参与和发展，这些目标涉及组织对不同的利益相关者实施管理，它们都是组织履行社会责任的体现。ISO 26000还提供了社会责任相关的管理实践和管理工具，例如，利益相关者沟通流程、社会责任评价体系等。它还倡议组织需要将社会责任融入日常经营管理。

作为全程参与ISO 26000制定的成员国，我国也在2010年之后推出了国家、地方和行业层面的多个社会责任标准（见图1-1和下表），具有代表性的是2015年国家质量监督检验检疫总局（现国家市场监督管理总局）和国家标准化管理委员会联合颁布的《社会责任指南》（GB/T 36000—2015）、《社会责任报告编写指南》（GB/T 36001—2015）和《社会责任绩效分类指引》（GB/T 36002—2015）。

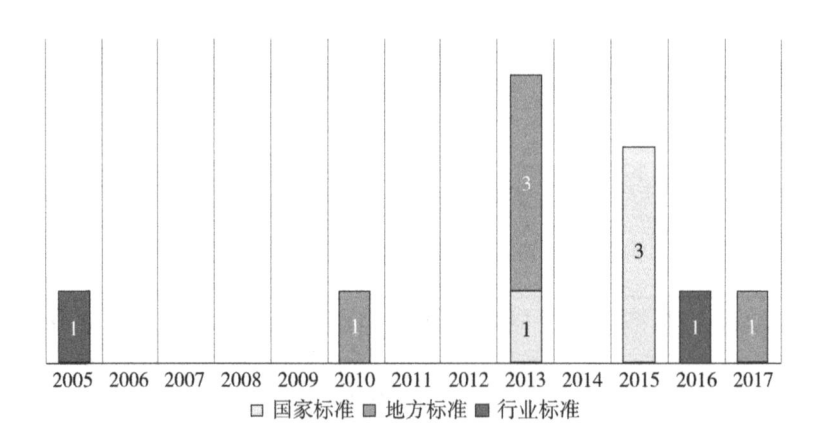

图1-1 我国社会责任标准发布情况

资料来源：根据国家标准化管理委员会网站和公开报道整理。

我国部分国家、地方企业社会责任标准

标准名称	发布时间	发布机构/主管机构	类型
《社会责任指南》GB/T 36000—2015	2015年6月	中国标准化研究院/国家质量监督检验检疫总局	国家
《社会责任报告编写指南》GB/T 36001—2015	2015年6月	中国标准化研究院/国家质量监督检验检疫总局	国家
《社会责任绩效分类指引》GB/T 36002—2015	2015年6月	中国标准化研究院/国家质量监督检验检疫总局	国家
《商业服务业企业社会责任评价准则》SB/T 10963—2013	2013年4月	商务部	国家/行业
《广东省食品医药行业社会责任》DB44/T 767—2010	2010年5月	广东省质量技术监督局	地方/行业
《民营企业社会责任评价指南》DB41/T 876—2013	2020年1月	河南省市场监督管理局	地方
《电子信息行业社会责任指南》SJ/T 16000—2016	2016年7月	工业和信息化部	行业
《企业社会责任管理体系要求》DB13/T 2516—2017	2017年5月	河北省质量技术监督局	地方

资料来源：作者根据国家标准化管理委员会网站和公开报道整理。

在此过程中，我国监管部门还在不断强化企业在资本市场中履行社会责任和实施利益相关者管理的制度建设。2003年，国家环保总局（现国家生态环境部）颁布《关于企业环境信息公开的公告》，强制要求重污染企业公布5类环境信息，包括环境保护方针、污染物排放总量、环境污染治理、环保守法和环境管理；2006年和2008年，深交所和上交所先后发布《上市公司社会责任指引》和《关于加强上市公司社会责任承担工作的通知》。它们要求A股上市公司强制或自愿披露社会责任报告，其中上证金融、上证治理、上证海外和深证100板块的上市公司属于强制披露的范畴，其他公司属于自愿披露范畴，这是我国A股上市公司实施社会责任披露制度的开始，一直延续至今；2014年，全国人大颁布《中华人民共和国环境保护法》，其中对企业、政府等主体在环境数据披露方面的工作流程作出明确的法律规定；2018年，证监会颁布了《上市公司治理准则》（修订说明），其中明确了未来上市公司的非财务信息披露将围绕ESG框架进行内容组织。

1.1.2 企业实现高质量的、可持续的发展目标不断清晰

随着第四次工业革命的兴起，人类社会进入数字时代。以人工智能和机器学习为代表的互联网技术蓬勃发展，新兴市场、企业和商业模式不断涌现。身处其中的企业和利益相关者之间的关系也在发生着变化。尤其对于新兴的互联网平台企业而言，无论是以淘宝为代表的销售平台、以百度为代表的搜索平台、以今日头条为代表的信息平台还是以快手、抖音为代表的短视频平台，它们具备平台的属性使其在互联网技术的支持下，企业的组织形式、治理模式及商业模式发生了巨大变化。这使得互联网平台企业涉及的利益相关者范畴达到空前扩展，包括平台企业本身和平台用户、商户的利益相关者的总和，也使得互联网平台企业与自己利益相关者的发展路径结合得异常紧密，呈现出"共生共荣"的状态（钱小军、龚洋冉和张佳音，2020）。

正因如此，企业和利益相关者的发展目标趋于一致成为国家战略的重要基础——无论是"三大攻坚战"还是"高质量发展"，这些国家战略都强调企业对社会和广大利益相关者的重要作用。习近平总书记在2016年召开的网络安全和信息化工作座谈会上强调：希望广大互联网企业坚持经济效益和社会

效益统一,在自身发展的同时,饮水思源,回报社会。(新华网报道,2016)。

由此可知,企业通过利益相关者管理来实现经济效益和社会效益统一将是未来企业管理的主流实践之一。更重要的是,区别于企业社会责任强调经济效益和社会效益的平衡(Balance)或兼顾(Integrate),以实现两种效益的统一作为企业目标也许是突破现有企业利益相关者理论桎梏的重要机会,由此还可以提升对企业社会责任理论、企业价值理论、企业可持续发展理论等相关理论的理解。但是,相关理论研究和管理实践尚处于探索阶段。这需要研究者对典型企业进行案例研究,运用归纳和演绎相结合的方法构建新的理论模型,再与已有发现相互印证,进一步提炼出具有普适性的企业利益相关者管理模型。这对于企业利益相关者领域的实践和理论在未来的发展有着重要意义。

1.2　研究目标和问题

关于企业利益相关者的概念,学界普遍认可Freeman(1984)提出的定义——可以影响企业目标或被其影响的任何群体或个人。他还进一步定义了企业利益相关者管理(Stakeholder Management)——企业对某个利益相关者的行为导向的管理(Management in Action-oriented Way)(Freeman, 2010)。围绕企业利益相关者管理及其对企业和社会的潜在影响,本书从组织理论和组织行为的角度提出,企业利益相关者管理应体现为这样一个过程:企业首先会识别情境中的主体是否为自己的利益相关者;基于识别结果,企业会吸纳利益相关者参与日常经营管理;基于利益相关者对企业业务的常态化参与,企业会协同更高层次（如社会层面）的利益相关者群体，形成多方、多层次的企业利益相关者管理格局。

进一步，本书提出，作为企业利益相关者管理过程的三个阶段（企业识别、吸纳和协同利益相关者对企业和社会的影响）体现在企业的行为、绩效和价值三个层面，随着管理过程的深入，企业利益相关者管理所产生的影响逐渐递增。本书将上述企业识别、吸纳、协同利益相关者对企业行为、绩效和价值的影响概括为"企业利益相关者管理过程框架"，该框架涉及企业利益相关者领域中重要且尚未解决的理论命题和实证问题。本书的目标是通过理论研究，提出企业利益相关者管理过程框架和其中的理论命题，之后采用实证研究验证、完善和发展理论命题。本书的研究发现和结论将成为企业利益相关者理论及其相关理论（包括企业社会责任理论、企业价值理论和企业可持续发展理论）的组成部分。下面是对本书研究问题的详述。

1.2.1　识别：企业对谁进行利益相关者管理？

企业识别利益相关者被Mitchell、Agle和Wood（1997）定义为企业对潜在利益相关者以及它们可能对企业产生影响的判断。Freeman（1984）也认为识别利益相关者对于企业来说是关于"什么才是真正重要的标准"的建立。本书在企业识别利益相关者部分致力于回答"企业应对谁进行利益相关者管理？"此处关注的理论问题是企业识别某主体是否为企业在某一情境下的利益相关者对企业后序利益相关者管理行为的影响。已有研究习惯于从理论出发，提前设定了某个特定利益相关者与企业之间关系（例如，政企关系）。这种"既定式"研究思维的形成有着历史原因——在企业利益相关者理论发展初期，经济学家已经从产权和契约（合同）的角度定义了企业可以直接识别的利益相关者，如员工、供应链企业等与企业或企业业务有"显性"利益关系的主体（杨瑞龙和周业安，2000；Williamson, 1985），这种简单直接的识别标准导致了学界对于该话题的后续关注极少。

随着企业外部性的扩大和经营环境的不断变化，与企业不具备明确契约关系的"隐性"利益相关者群体开始涌现并被证明对企业有着显著影响，例如，处于相同或相似环境的其他企业、NGO、社会机构、当地社区，这使得企业识别利益相关者这一议题变得复杂而且重要（王红丽和崔晓明，2013），正如Freeman（1984）的发问"是否所有的利益相关者对于公司资源都享有同等的合法性要求？"[1]。已有研究提出，由于契约/非契约利益相关者与企业关联的范畴不同（前者主要涉及企业有形资产的产权，后者则主要涉及企业的无形资产），两者与企业之间关系的作用机制也完全不同（赵晶和王明，2016）。但是，尚未有研究验证企业如何在现实情境中识别非契约利益相关者——Mitchell、Agle和Wood（1997）提出企业可以通过某主体对自己合法性的影响来识别该主体是否为自己的利益相关者[2]。基于此，本书提出和验证了一种企业在现实情境中识别非契约利益相关者的机制：企业和利益相关者追求合法性的动机是否相同，即两者是否以同一动机追求同一目标。若两者动机相同，则该主体更可能被企业识别为自己的利益相关者，反之被识别的

---

[1] 原文："Do all stakeholders have an equally legitimate claim to the resources of the corporation?"
[2] 文中将非契约利益相关者称作"自主利益相关者"（discretionary stakeholders）

可能性较小。本书试图通过实证研究检验企业识别利益相关者的已有理论观点，通过实证研究丰富学界对该命题的理解。

对应到子研究设计，本书在识别部分实证检验的是连锁董事会网络中，企业间不同动机披露CSR报告对后序企业披露的影响。CSR披露实践在企业连锁董事会网络中的"扩散—采纳"关系是企业追求合法性的经典研究情境，在该情境中的企业互为利益相关者，因为它们采纳实践的原因是受到网络中其他企业采纳的扩散影响（Shropshire，2010）。基于已有理论提出的企业可能通过主体对自己合法性的影响来识别利益相关者（Mitchell，Agle and Wood，1997），本书提出在我国A股上市公司的CSR披露实践的扩散中存在企业间相互识别利益相关者，进而根据识别结果产生"扩散—采纳"关系的现象。本书通过实证检验发现，企业倾向于将与自己有着相同披露动机的企业识别为该情境下的利益相关者（在A股市场中体现为企业是被强制还是自愿披露CSR报告），进而接受来自它们采纳CSR披露的扩散，更可能在后续披露CSR报告。而不同披露动机之间的企业不存在显著的"扩散—采纳"关系，也即是说如果前序披露CSR报告的企业并没有被后序企业识别为利益相关者，后序企业不太可能响应来自非利益相关者的扩散。

1.2.2 吸纳：企业如何进行利益相关者管理

企业吸纳利益相关者是本领域内相关文献较多的话题。已有研究将企业吸纳利益相关者定义为企业开展的旨在引入利益相关者参与日常经营活动的企业责任实践（Greenwood，2007）。需要强调，本书中"企业吸纳利益相关者"就等同于已有文献中的利益相关者参与（Stakeholder Engagement）概念，调整表述的原因是本书采取的是以企业为中心的视角，所以在企业与利益相关者之间关系中利益相关者是客体，而"利益相关者参与"概念采取的是以利益相关者为中心，企业是关系中的客体，在本书中两者的理论内涵相同。

在企业吸纳利益相关者部分，本书致力于回答"企业如何进行利益相关者管理"，关注的理论问题是企业建立吸纳利益相关者的组织流程对企业社会绩效的影响。受限于企业社会绩效的模糊性，已有研究往往用社会责任行为（如披露CSR报告）和社会绩效（如慈善捐赠金额、ESG分数）等吸纳利益相关者的结果来表示企业的利益相关者管理工作。这种思路的缺陷是研究并未真正回答企业作为一个组织如何吸纳利益相关者参与日常经营管理，包括对应的企业结果和产生作用的机制。弥补这个缺陷对于解释企业如何通过利益相关者管理实现企业社会绩效和解决其他相关问题，比如协调企业社会绩效和企业财务绩效之间关系，都有着重要意义。

对应到子研究设计，本书选择企业专职从事利益相关者管理工作的组织流程（Organizational Procedure）中的CSR部门作为研究对象，验证企业设立专职CSR部门对企业社会绩效的影响。本书尝试从组织理论视角打开企业如何吸纳利益相关者的"黑箱"。本书提出，专职CSR部门是企业吸纳利益相关者参与日常经营管理的正式渠道，企业设立专职CSR部门意味着利益相关者管理工作在企业的岗位化和职业化，成为企业目标的一部分，会对企业（社会）绩效产生实质性的积极影响。本书通过研究发现，相比于没有设立专职CSR部门的企业，有专职CSR部门的企业可能具有更好的社会绩效。

1.2.3 协同：企业如何通过利益相关者管理使自身和社会获益？

企业协同利益相关者（Stakeholder Synergy）概念由 Tantalo 和 Priem（2016）提出，它被定义为企业利用多个利益相关者的工具属性及其内在联系为多方创造价值的过程。在企业协同利益相关者部分，本书致力于回答"企业如何通过利益相关者管理使自身和社会获益"，关注的理论问题是企业利益相关者管理对企业整体价值（Firm Value）的影响，对应的现实议题是企业如何通过利益相关者管理来实现经济价值和社会价值的统一。在子研究设计中，进一步将其拆分为两个子问题：企业如何通过利益相关者管理实现价值统一和利益相关者在企业实现价值统一中的角色和作用是什么。

已有文献支持了企业利益相关者管理与企业整体价值之间存在联系。例如 Donaldson 和 Preston（1995）提出的企业利益相关者理论（the Stakeholder Theory of the Corporation）认为作为企业的重要组成部分，利益相关者对企业的经济价值和社会价值都有着显著影响。基于 Freeman（1984）对企业利益相关者的价值分析，利益相关者对企业有两种价值——内在价值（intrinsic value）和工具价值（Instrumental Value），前者是指企业从事商业活动"好的一面"[1]，后者是指实现企业内在价值的途径[2]。在此基础上，Jones（1995）提出的工具性利益相关者理论（Instrumental Stakeholder Theory）认为由于利益相关者对组织具有工具价值，所以组织对利益相关者的良性管理，例如，双

---

[1] 原文："Things which are intrinsically valuable are good in and of themselves"
[2] 原文："Instrumental values are means to intrinsic values"

向信任和合作，可以通过减少机会主义成本为组织带来竞争优势。

但是，理论界对于利益相关者在企业实现价值中的角色和作用尚未达成一致看法，《美国管理学会评论》（Academy of Management Review）于1999年刊发了系列专题文章，围绕利益相关者理论应该采用"统一"（Convergence；Jones and Wicks, 1999）还是"割裂"（Divergence; Freeman, 1999）视角展开讨论，其中持统一观点的研究认为利益相关者对企业同时具备内在价值和工具价值，两者存在相互影响，共同作用于企业的生存和发展。持割裂观点的研究则认为利益相关者的内在价值仅仅是对其工具价值的正当性的支撑，并不能对工具价值和企业本身产生显著影响。而两派分歧的焦点正是利益相关者对于企业来说是价值"存量"的体现（内在价值）还是价值"增量"的体现（工具价值）。

相比于前两个子研究致力于对现有理论的验证和完善，协同部分聚焦于对企业利益相关者理论的发展，需要采取归纳和演绎相结合的方法来建构理论框架和内在逻辑。所以，本书在研究设计上选取了两家互联网企业进行案例研究，试图实现：

（1）描述、归纳企业通过利益相关者管理实现企业整体价值的过程以及识别、吸纳、协同阶段的对应特征。

（2）结合已有企业价值理论分析案例企业整体价值在企业利益相关者管理过程中的变化。

（3）提炼帮助互联网企业实现价值统一路径中的作用机制。

本书研究发现，企业识别、吸纳、协同利益相关者对应了企业为利益相关者创造社会价值、利益相关者为企业创造经济价值和两者共同创造社会价值和经济价值的过程；基于Tantalo和Priem（2016）的定义，本书进一步阐述了企业协同利益相关者的内涵，即企业通过业务层面的利益相关者管理影响社会（或更高层面）的利益相关者群体和协同的关键，即企业实现业务社会化。本书还发现了案例企业通过识别、吸纳、协同利益相关者实现共享价值过程中起作用的机制——互联网技术和职能管理。

1.3 研究意义

1.3.1 理论意义

本书的理论意义有两个层面。整体来说，本书提出、构建和验证了企业利益相关者管理过程框架，其中关于企业识别、吸纳和协同利益相关者对企业行为、绩效和价值的影响的理论研究不仅系统地回顾了企业利益相关者理论的已有进展，还为理论在未来的发展提供了方向，主要体现在以下方面：

（1）阐释了企业利益相关者管理的过程、阶段和影响，尤其不同管理行为和影响之间的区别和联系，这就促进了企业利益相关者领域中不同侧重理论之间的融合和相互完善，例如，企业整体价值（Jones and Wicks, 1999; Freeman, 1999）、企业竞争优势（Jones, Harrison and Felps, 2018; Donaldson and Preston, 1995）、企业绩效（Nason, Bacq and Gras, 2018; Donaldson and Preston, 1995），也为企业利益相关者理论的"整体化"发展奠定了基础（Freeman, 2010）。

（2）完善了企业利益相关者相关领域的理论基础，为未来探索企业与利益相关者之间关系提供了一个分析框架。企业利益相关者理论被广泛运用于企业社会责任、企业可持续发展，企业商业模式等领域的研究之中以解释领域中的独特现象。在缺乏分析框架的背景下，不同领域的研究无法相互比较发现和结论之间的共性和个性，难以辨析理论贡献和实践启示，这阻碍了相关领域的理论积累。所以，本书的研究发现为相关领域提供了一个关于企业利益相关者研究的理论"标尺"，明晰了企业利益相关者理论中不同话题的研究进展和成熟度，为未来相关领域的研究提供了理论路径的参考。

从子研究来看，在识别部分，本书聚焦于验证企业识别利益相关者的标准以及识别结果对企业后序CSR行为的影响。这是目前较少的对企业识别非契约利益相关者及其影响的实证研究，该研究的发现和结论完善了企业利益相关者管理作为企业CSR行为的前因，验证了企业识别非契约利益相关者的一种机制以及识别结果对企业后序行为的影响，进一步扩大了企业潜在的利益相关者范畴，拓展了研究者对企业未来可能面临的不同利益相关者的想象空间。

在吸纳部分，本书提出和验证了企业设立专职的利益相关者管理组织流程对企业社会绩效的影响。相比于识别阶段依靠企业与利益相关者之间动机的一致性起作用，企业中组织流程的建立意味着利益相关者管理工作的常态化实施，乃至成为企业目标的一部分，更可能对企业相关绩效产生实质性提升。该研究的发现为企业社会绩效提供了一种组织视角的前因。通过检验企业财务绩效和治理特征对企业成立CSR部门与企业社会绩效之间关系的影响，该研究也拓展了已有研究对企业财务绩效和社会绩效之间"行善得福"（Doing Well By Doing Good, Falck and Heblich, 2007）观点的理解。

在协同部分，本书聚焦于发展企业利益相关者管理过程模型，探索企业识别、吸纳和协同利益相关者对企业整体价值的影响。该研究通过厘清利益相关者在企业实现经济价值和社会价值统一路径上的角色和作用，一定程度上解决了已有企业利益相关者理论之间存在的分歧——关于利益相关者对企业内在价值和工具价值的影响（Jones and Wicks, 1999; Freeman, 1999），这就促进了企业利益相关者理论相对于其他具体利益相关者领域的独立发展，实现了企业与利益相关者之间关系的进一步理论化。与此同时，以互联网企业作为研究对象也使得研究发现和结论兼具普适性和前瞻性，该研究关于企业价值统一路径中作用机制的发现为互联网企业和其他实施数字化转型或数字化战略的行业企业提供了启示。

1.3.2　实践意义

（1）研究发现为企业管理者提供一个企业利益相关者管理框架，为企业建设利益相关者管理体系提供一套系统的流程。日益严格的制度环境和快速变化的经营环境对企业利益相关者管理能力提出更高的要求，以往作为企业的"加分项"的企业利益相关者管理实践，当下正逐渐成为常态化要求。所以，对管理者而言，企业利益相关者管理工作就从以往的"对谁做"转变为"怎么做"以及"如何做得更好"。另外，企业在生产经营中涉及的利益相关者纷繁复杂，相比于针对某一类利益相关者的研究，本书的发现和结论提供的是一个"整体解决方案"：一方面可以用于判断企业所处的利益相关者管理阶段；另一方面可以据此预判企业进行利益相关者管理所产生的影响。

（2）本书的发现和结论对国家机构制定相关政策有一定的参考价值。在本书框架下设计的3个子研究分别发现了企业在实现识别、吸纳和协同利益相关者对企业行为、绩效和价值影响的一个机制和起作用的现实情境，包括企业在A股市场的CSR披露要求、企业将CSR融入日常经营管理以及互联网企业实现经济价值和社会价值的统一，这些发现和结论，再配合研究情境，构成了一个关于鼓励和规范企业履行社会责任的政策顶层设计。国家机构可以据此出台相应的监管措施，营造恰当的制度氛围，进一步完善针对企业利益相关者管理的政策监管体系。

1.4 研究特色

1.4.1 整合性的理论框架

本书展示了一个关于企业利益相关者管理的整合性理论框架，包含了企业利益相关者管理过程及其影响相关的理论脉络。已有研究聚焦于探索利益相关者管理在企业生产经营活动中的某些体现，例如企业社会责任、企业慈善、企业透明化治理、企业可持续发展、企业商业模式等。这些研究是有益的，但停留在理论应用阶段，忽略了现象背后共同的理论逻辑，这就造成了已有的知识积累离散地分布在各个领域，并未将企业与利益相关者之间关系整合化、体系化，这在一定程度上阻碍了企业利益相关者理论的发展。正因如此，企业利益相关者领域目前需要一个整合性的理论框架，起到总结已有研究进展和探索理论未来发展方向的作用。

本书基于企业利益相关者管理过程框架，首先阐释了企业与利益相关者之间关系的整合逻辑，即企业识别、吸纳和协同利益相关者及其对企业行为、企业绩效和企业整体价值的影响。之后，结合理论研究和实证研究的结论，本书提出，目前关于企业利益相关者管理与企业行为和绩效之间关系的理论研究已经基本成熟，未来工作主要是验证、完善和修正已有理论。企业利益相关者管理与企业整体价值之间关系是企业利益相关者理论的发展方向，未来需要大力探索相关理论和实践。

1.4.2 过程导向的研究思路

考虑企业利益相关者领域的现状，本书采取了过程导向的研究思路来实现研究目标，体现如下：

（1）构建理论框架

正如第1.4.1节所言，本书尝试提出整合性的理论框架来概括企业与利益相关者之间的关系，其中会涉及相关研究提出的众多概念，它们可能源自不同的管理实践观察，有着不同的理论视角和交叉的理论内涵或外延。面对这种较为复杂的局面，过程导向的研究思路可以帮助研究者拆解研究目标，将原本模糊的、宽泛的单个话题具象化为多个精确的、有着内在关联的概念，这样有利于研究者在已有概念的基础上提炼出一套理论逻辑，使得构建整合性的框架成为可能。所以，基于已有研究提出的企业与利益相关者之间的识别、吸纳和协同三个独立概念并结合过程视角，本书提出了企业利益相关者管理过程的理论逻辑及其整合性框架，包括由识别、吸纳、协同构成的利益相关者管理过程以及过程对企业行为、企业绩效和企业整体价值的影响。

（2）设计下辖子研究

在整合性的理论框架之下，本书还采取了过程导向的思路来进行子研究设计。展开来说，子研究的使命是验证、完善和发展框架中的理论命题，由于它们各自所在的细分领域进展不同，使得子研究在框架中的角色和做出的贡献也不尽相同。所以，采取过程导向的视角可以帮助研究者根据已有的研究进展，从整体和部分两个层面精确定位各子研究的研究目标、理论和实践贡献以及在框架中的角色。这就保证了理论研究的结果能够被实证研究所验证、完善和发展，反过来巩固了理论框架的整合性、系统性和发展性。所以，本书首先通过理论研究得出了框架中三个理论命题以及各自细分领域的理论进展，结合过程视角设计了三个子研究：一方面通过定量的实证方法尝试验证和完善企业利益相关者管理与企业行为、企业绩效之间关系；另一方面通过定性的案例研究尝试探索企业利益相关者管理与企业整体价值之间关系。

1.4.3 多样化的研究对象

本书有着多样化的研究对象，包括成熟企业（上市公司）和新兴互联网企业，从而提升了研究结论对企业实践的解释力。本书收集了A股上市公司档案数据，实证验证了企业识别和吸纳利益相关者对企业行为和绩效的影响，涉及上市公司披露CSR报告和企业成立专职的CSR部门等已经广泛开展的管理实践。本书以新兴互联网企业（慕华教育和快手）作为案例研究对象，尝试回答目前我国产业界和政策界共同关心的一个前沿问题——"互联网企业如何实现经济效益和社会效益的统一"，通过描述和分析案例企业的质性数据，发展了互联网企业实现共享价值的利益相关者管理过程模型，深入阐释了企业识别、吸纳和协同利益相关者对企业整体价值的影响。该研究的发现不仅揭示了作为互联网企业的案例企业实现价值统一的过程和机制，还发现了适用于实施数字化转型的其他行业企业的部分机制，进一步拓宽了研究结论的可行性、前瞻性和普适性。

1.5 研究方法和结构安排

1.5.1 研究方法

基于研究目标、已有研究进度和数据可得性，本书采取定性和定量相结合的研究方法开展研究，具体包括以下几种方法：

（1）文献研究法

本书对企业利益相关者领域、企业社会责任领域、企业可持续发展领域的相关理论和实证文献进行了系统的梳理和总结。基于梳理结果，本书得出现有研究在理论和实证方面的进展，判断了其中尚待验证、完善和发展的部分，进一步提出本书的研究框架和下辖子研究及它们的理论和实证贡献。

（2）理论研究法

本书在设计整体框架和协同部分的案例研究时，采用了以过程模型

（Process Model）为主的研究路径，实现本书构建理论模型的研究目标。已有研究认为过程模型是一种适合理论模型构建问题的研究路径——Van de Ven（2007）提出，相比方差模型（Variance Model），过程模型更适合检验随着时间变化和发展的机制问题。Reskin（2003）也认为，采用组织过程模型探索组织理论的构建具有现实性、可见性和可操作性等重要优势，能够更好地发现研究贡献和启示。所以，本书通过运用过程模型，致力于描述、归纳和理论化企业利益相关者管理实践，实现企业利益相关者管理模型的构建和发展。

（3）实证研究法

本书在识别和吸纳两个部分采用了定量的实证研究法，对相关理论命题进行了检验。两个研究均采用国内外成熟数据库的面板数据。本书使用了随机效应模型、固定效应模型、工具变量法、分组回归法等定量统计学方法对数据进行处理和检验，使用的统计软件是R。

（4）案例研究法

本书在协同部分采取了定性研究的案例研究法。研究者首先通过访谈、参与式观察等方法搜集企业质性数据，进而对数据的描述、归纳以及将结果与已有理论相互演绎，之后根据研究发现验证和发展企业利益相关者管理过程模型的理论命题，强化理论模型对现实情境的解释力。相关学者也认为，类似具有探索性、描述性和解释性的研究，宜采用案例研究，尤其对比式多案例设计的研究方法（Eisenhardt, 1989; Eisenhardt, 2007; Yin, 2013）。另外，本书还在案例的选取、数据搜集和分析等方面运用了包括案例原型设计、案例数据库建立在内的多种方法，保证了研究和数据的信效度。

1.5.2 本书结构安排和技术路线

在第1章之后的结构安排和技术路线（见图1-2）。

第2章"文献综述和研究进展"，首先对于企业利益相关者理论的源起和进展进行了回顾，从企业利益相关者视角，到企业利益相关者理论，再到企业社会责任理论和当下出现的企业利益相关者理论"整体化"趋势，描述了相关理论的发展脉络和未来趋势，提出了本书的理论基础和计划的理论贡献。之后，本书回顾了企业利益相关者管理及其对企业行为、绩效和整体价值影响的实证研究，明确了目前领域内相关研究的进展和不足，细化了本书下辖各子研究计划的贡献。

第3章"理论框架和子研究概述"，首先提出了研究的整体理论框架，即企业利益相关者管理过程框架，以及框架包含的企业识别、吸纳和协同利益相关者对企业行为、绩效和价值的影响的理论命题；根据不同的研究目标，本书有针对性地设计了三个子研究，并对各子研究的研究问题、研究设计和期望的研究发现进行了概述，提出了理论命题成立所需要的条件，为之后的第4、5、6章的内容做好铺垫。

第4章"企业间不同动机披露CSR报告对后序企业披露的影响"是识别部分研究，围绕企业识别利益相关者对企业CSR行为的影响所展开。基于已有研究的观点，企业将通过其他主体是否影响自己追求合法性来识别它们是否为利益相关者。本书选取我国A股市场对上市公司采取的"强制+自愿"相结合的CSR披露要求作为研究情境，通过检验CSR披露行为沿着企业所在的连锁董事会网络在企业间"扩散—采纳"过程来验证该理论观点,填补这一实证缺失。本书重点验证了因为CSR披露政策所带来的企业披露CSR报告追求合法性的动机是否一致(强制动机和自愿动机),作为企业识别利益相关者的机制,对后序企业采纳前序企业扩散的显著影响。

第5章"企业成立专职CSR部门对企业社会绩效的影响"是吸纳部分研究,围绕企业吸纳利益相关者对企业社会绩效的影响展开。将验证企业建立专门的利益相关者管理流程,实现吸纳利益相关者参与企业经营活动对企业社会绩效的影响。据此,选取企业成立专职的CSR部门作为研究对象,重点检验成立专职CSR部门的企业之间社会绩效的差异。本书还计划从部门领导层级、企业财务绩效和企业治理结构三个方面对主效应的影响因素进行探索。

第6章"企业识别、吸纳和协同利益相关者对企业共享价值的影响"是协同部分研究,围绕企业识别、吸纳和协同利益相关者对企业整体价值的影响展开。本书在此聚焦于企业如何通过利益相关者管理实现共享价值这一话题,采用双案例对比式研究的设计,通过描述、归纳和分析案例企业质性数据,构建了企业实现共享价值的利益相关者管理过程模型,实现了对应命题的证明和发展。该部分致力于将企业识别、吸纳和协同利益相关者以及它们对企业整体价值的影响贯通为一个完整的管理过程,力求为企业利益相关者理论未来"整体化"发展的奠定基础。

第7章是"研究结论与讨论",阐述研究发现和结论,总结研究贡献和启示,并且基于研究存在的不足,提出未来研究方向。

图 1-2 技术路线

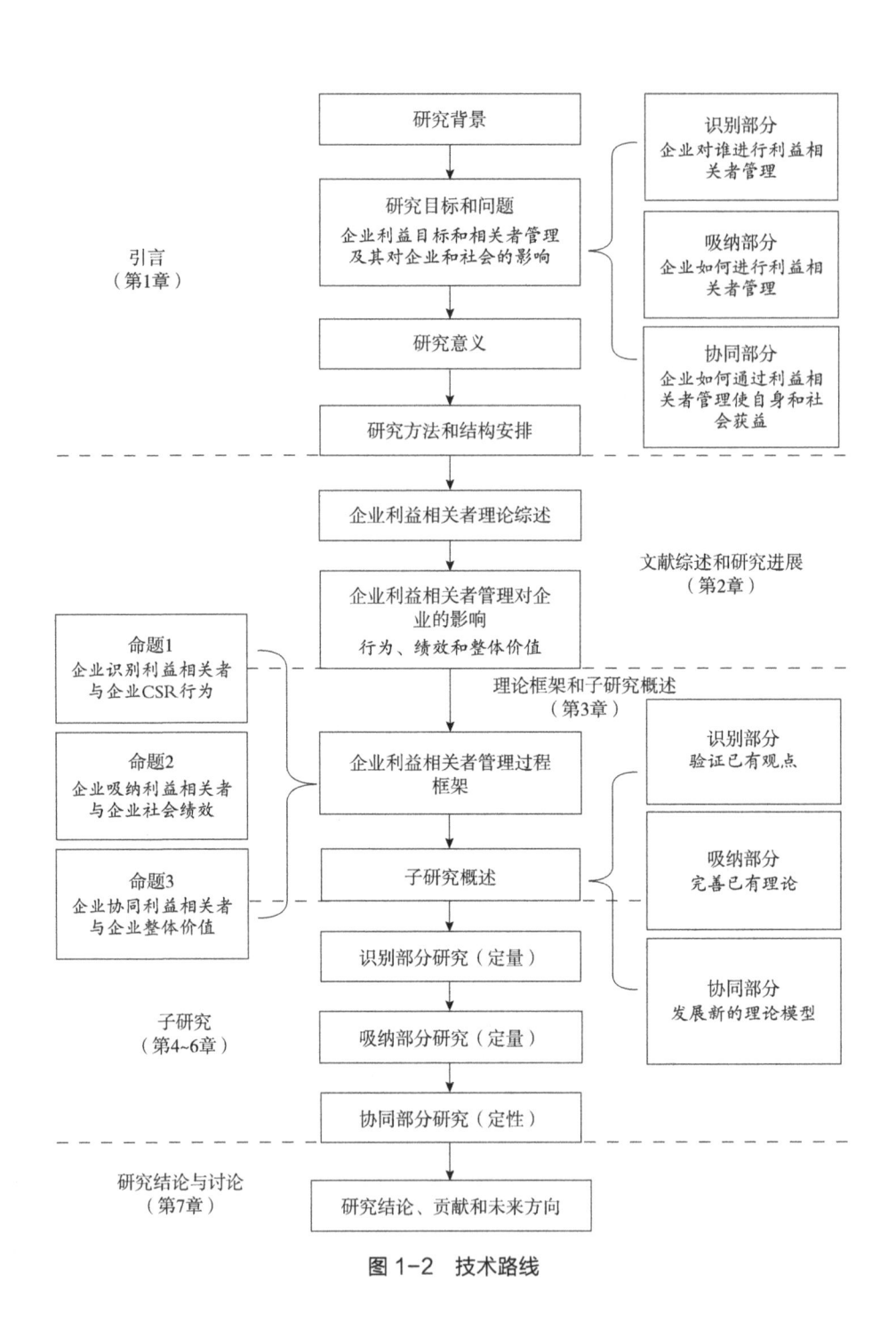

第 2 章
文献综述和研究进展

2.1 企业利益相关者理论的源起和进展

关于企业利益相关者的话题最早源起于20世纪60年代。据考证是斯坦福国际研究院（SRI International）的学者受到名为《股东》（Shareholder）的戏剧启发，对应地采用利益相关者（stakeholder）以表示与企业有密切联系的所有主体（贾生华和陈宏辉，2002）。当时的学者将利益相关者定义为一种对企业生存有着至关重要影响的主体们的满意度的测量方式（SRI，1963），一定程度上也源自亚当·斯密在《国富论》中提出的"企业就是一个社会机构[①]"观点。企业利益相关者的经典研究均围绕利益相关者在企业治理系统中的角色和起到的作用展开，例如 Ackoff（1974）就明确提到"企业可以在利益相关者的帮助和互动下，通过重新设计基础性机构来解决社会问题。"随着对利益相关者研究的不断深入，研究话题从企业系统本身转移到利益相关者的参与（Davis and Freeman, 1978; Stakeholder Participation），学界开始重点关注企业生产和管理过程中涉及的利益相关

[①] 原文是："Business is a social institution"

者，研究领域也开始从公司治理向战略管理等其他领域扩散，逐渐形成了以下四个理论脉络。

2.1.1 企业战略管理的利益相关者视角

首先出现的是战略管理领域的利益相关者视角（stakeholder view）。关于该话题的代表性研究是Freeman（1984），该研究一方面优化了企业情境中的利益相关者定义：利益相关者是可以影响企业目标或被其影响的任何群体或个人，从理论上明确利益相关者和企业（组织）之间的联系体现在所有权、经济依赖和社会价值这三个内容；另一方面，该研究提出由于利益相关者对企业目标的影响，企业有必要在战略实施过程中对特定的利益相关者进行管理，包括对利益相关者的行为分析、行为解释和关系分析（coalition analysis），据此制定综合性的利益相关者管理办法。Carroll（1991）从利益相关者视角定义了企业社会责任。他提出企业应当从合法性和权力两个方面识别利益相关者，企业可以通过实施道德管理（moral management）来实现利益相关者对企业经营活动的参与。他认为，企业针对不同的利益相关者所实施的道德管理层次也不同，包括经济、法律、道德／伦理和慈善等多种社会责任。

2.1.2 企业利益相关者理论

在利益相关者视角的基础上，系统的企业利益相关者理论开始出现。Donaldson和Preston（1995）做出了里程碑式研究，他们正式提出企业的利益相关者理论。他们认为利益相关者是企业的一个重要组成部分,是企业本质的一个方面,对企业的合法性和绩效都有显著的影响。据此,企业利益相关者理论被分为三个嵌套的层面:首先为描述层,关注企业是否被利益相关者显著影响;其次是工具层,关注利益相关者是否可以贡献并促使公司目标的达成;最后是规范层,关注利益相关者是否被公司视作运作规范或要求(normative claim)。

之后,《美国管理学评论》在1999年4月专题刊发了关于利益相关者理论的底层逻辑的系列讨论。该讨论以利益相关者是企业的一部分为前提,围绕利益相关者在企业整体价值中扮演的角色展开。结果使已有利益相关者理论就此分为"统一"(Jones and Wicks, 1999)和"割裂"(Freeman, 1999)两派,两派分歧的焦点是利益相关者对于企业来说是价值"存量"的体现(内在价值)还是价值"增量"的体现(工具价值),其中持统一观点的学者认为利益相关者对企业同时具备工具价值和内在价值,两者相互影响,共同作用于企业的生存和发展;持割裂观点的研究则认为利益相关者的内在价值仅仅是对其工具价值的正当性的支撑,并不能对工具价值和企业本身产生显著影响。

另外,他们还讨论了是否应该对企业不同的利益相关者进行"具体问题具体分析",即是否应该独立定义不同的利益相关者(分类)、企业与各利益相关者之间关系以及利益相关者对企业的不同影响。持割裂观点的学者认为,尽管Jones(1995)提出的工具性利益相关者理论认为组织和利益相关者之间的道德原则,诸如信任、可信度以及合作,可以为组织带来竞争优势,但是并不意味着就应该将两者融合讨论,即不能完全以功能来定义企业的利益相关者,因为这样会忽视利益相关者对企业的潜在影响,例如利益相关者管理的成本、长期视角下对企业的影响或来自环境中第三方的不确定性影响。究其根本是因为企业和利益相关者代表的价值属性不同,现有理论尚不确定利益相关者作为企业的价值"存量"(内在价值)是否能为企业带来价值"增量"(工具价值)。

2.1.3 企业社会责任理论

之后,理论界出现了关于企业社会责任(Corporate Social Responsibility,CSR)现象的理论研究,尝试从环境视角来讨论企业与利益相关者之间关系所带来的影响。Godfrey(2005)提出,企业慈善可以为股东带来财务收益的原因是企业慈善的利益相关者将为企业提供积极的道德资本(Moral Capital),这种无形资产可以为企业股东财富产生"保险作用",企业因此提升了自身的抗风险能力,可以凭借这种道德资本进行风险管理。Campbell(2007)提出企业的CSR行为会受到由利益相关者组成的制度环境的影响,若制度环境的社会责任导向越强,企业越可能履行相关行为。Barnett(2007)提出了利益相关者影响能力(Stakeholder Influence Capacity)这一概念以理论化企业通过履行社会责任提升自身与利益相关者之间关系的现象,他认为具备较高利益相关者影响能力的企业可以从中识别相关机会并实现盈利。

需要说明的是,我国利益相关者文献出现的时间并不晚于西方文献。早在20世纪90年代，崔之元（1996）、周其仁（1996）、张维迎（1996）以及杨瑞龙和周业安（1997）等就从企业产权和委托代理关系的经济学视角对企业的利益相关者治理进行过讨论。杨瑞龙和周业安（1998）还就该话题为国有企业的激励和约束设计了一套"相机治理"体系。但是国内研究多以实证研究为主，鲜有系统的理论脉络，本书将在后续讨论中有针对性地回顾国内文献。

基于上述理论脉络，本书认为在组织理论和组织行为领域中，企业利益相关者领域的理论研究重心逐渐从利益相关者转移到企业。但是已有理论尚不能提供系统的框架来阐述企业与利益相关者的整合关系（Integrative Relationship）——利益相关者视角仅描述了企业管理利益相关者的具体策略，并未阐述企业采取不同策略所产生影响，没有提出清晰的因果关系。这也是这一脉络仅能被称为视角（View），而非理论（Theory）的原因；企业利益相关者理论的研究尚未解决利益相关者在企业整体价值中扮演角色（内在价值或工具价值）的分歧，故而无法系统地解释利益相关者在企业生产经营活动中的具体角色、作用机制以及影响，导致部分实证研究结论在不同情境中无法达成一致；CSR理论研究聚焦于讨论环境中经济、制度因素对企业履行社会责任，实施利益相关者管理的影响，缺乏以企业为中心的视角。

2.1.4 企业利益相关者理论的"整体化"趋势

除了前面所提到三条理论线索，近年来企业利益相关者理论的发展呈现出一种"整体化"（integrated）趋势。Freeman（2010）对这种企业利益相关者整体化视角进行了铺垫。他提出："之前在发展企业利益相关者管理相关话题时候，学者们需要精确地定义每一个利益相关者群体与企业的关系和对应的管理概念，这样才能深入探究在一些重要的社会议题之中利益相关者对企业的影响，例如保护消费者权益、响应环境保护人士/组织的倡议、管理公关媒体等，实现理论在细分的学科领域的发展。到了今天，当下现代企业的管理变革又不得不让我们采用整体化的视角来看企业与利益相关者之间的关系，因为目前企业面临着的是涉及多利益相关者的多种议题（Multiple Stakeholders on Multiple Issues）……我们必须思考的是大量利益相关者共同作用于企业的情况……目前已经涌现出很多善于管理某一类利益相关者的企业，例如IBM的客户管理、AT&T的政府监管管理、Campbell Soup的供应链管理等，但是企业利益相关者管理的整体视角综合了上述多种优秀实践的价值，必须要寻找到整合它们的思路和方法。"

在此基础上，部分研究尝试分析了企业利益相关者理论"整体化"趋势的意义，比如有利于促进已有理论视角，包括描述性、工具性和伦理性的企业利益相关者理论的融合（Horisch, Freeman and Schaltegger, 2014; Freudenreich, Lüdeke-Freund and Schaltegger, 2019）。部分研究尝试提出了企业层面的利益相关者战略，包括领导、跟随、采纳和教育等6个维度和实现企业和利益相关者双赢的目标（Savage, Bunn and Gray等, 2010）。部分研究尝试探索了企业中不同组织设计决定的组织注意力，进而对企业管理整体利益相关者能力的影响（Crilly and Sloan, 2014）。还有研究尝试就企业在创新和创业过程中如何吸纳利益相关者参与进行理论框架的构建（Leonidou, Christofi and Vrontis, 2018）。

据此，本书认为企业利益相关者理论的发展已经出现"整体化"趋势，包括利益相关者概念内涵的整体化，企业与利益相关者之间关系的整体化以及企业目标与利益相关者目标的整体化。所以，结合Freeman（2010）的铺垫，本书提出企业利益相关者领域未来的发展目标是"企业整体利益相关者理论"，实现该目标的首要基础是构建以企业为中心的利益相关者管理框架，进而发展企业利益相关者管理模型，包括企业利益相关者的分类、企业利益相关者管理逻辑的梳理以及企业利益相关者管理产生影响的验证和发展，这就是本书的研究目标，希望本书的研究发现和结论能为企业整体利益相关者理论的提出奠定基础。

2.1.5 理论进展小结

综上，本书认为现有利益相关者理论亟待提出企业为中心的利益相关者管理框架以实现进一步发展，该框架的意义体现在现象和理论两个层面：从现象来说，现有理论仅强调利益相关者影响企业绩效的功能（如信任、合作和信息共享）是不够的（Jones, Harrison and Felps, 2018），还需要进一步归纳和验证企业利益相关者管理的行为框架，包含利益相关者分类、管理行为、对应机制和结果等，厘清不同情境中企业和利益相关者以及利益相关者之间的边界（赵晶、王明，2016）。这将促进整体利益相关者领域相对于具体利益相关者领域〔如，人力资源管理（员工）、供应链管理（上下游企业）、营销管理（消费者）]的独立发展（Freeman，1984；Freeman，2010）。从理论来说，现有利益相关者理论需要归纳利益相关者在企业整体价值中的角色，尤其是对企业实现不同属性价值的作用，通过解决"统一"和"割裂"两派的争论，进一步总结和提炼企业和利益相关者之间互动和造成影响的因果关系，发展企业整体利益相关者理论（the Theory of Integrative Corporate Stakeholder；Freeman，2010），并在此基础上带动其他领域的相关理论发展。

2.2 企业利益相关者管理对企业行为的影响

企业利益相关者管理的影响会首先体现在企业行为方面，因为"企业利益相关者管理"这种说法原本就被认为是企业与利益相关者之间关系的必要行为导向（Freeman，1984）。一般来说，王鹤丽和童立（2020）将企业涉及利益相关者管理的行为概括为CSR行为或者企业的社会行为。进一步，根据已有研究对企业社会责任的定义，如Mackey，Mackey和Barney（2007）提出的"以增加社会福利为目的，超出企业交易利益之外的非法律强制的企业行为"和Gottschalk（2016）提出的"旨在改善社会或自然环境条件的企业自愿行动"可知，社会和自然环境是企业利益相关者管理相关行为的重要方面。结合近年来资本市场中出现的ESG评价体系，本书认为企业利益相关者管理对应的CSR行为相对综合，可以涉及自然环境、社会议题和公司治理等方面。

目前，关于企业CSR行为的研究多数围绕企业利益相关者管理的动机所展开，可以分为以下几类研究：

（1）高管（团队）特质动机。已有研究证明由高管个人特质[包括人格、意识形态（ideology）等]，所带来的自我表现需求和自我形象维护，对企业CSR行为有着显著的影响，尤其体现CSR行为的信号作用和实质作用之间的差异（Chin, Hambrick and Trevino, 2013; Petrenko, Aime and Ridge et al., 2016; Gupta, Briscoe and Hambrick, 2017）。Marquis和Lee（2013）还从高管团队的结构出发探索了企业高层治理特征与企业慈善之间的关系，他们认为高层治理结构隐含的权力分配是其中起作用的机制。

（2）合法性和社会声誉动机。该动机也被学者们称为"漂绿"（Greenwashing），Bansal和Roth（2000）提出该动机可以分解为合法合规、利益相关者压力、盈利机会以及道德动机等多个部分，它们共同促使了企业的CSR行为，但是Giuli和Kostovetsky（2014）发现企业由"漂绿"动机所产生收益并不能覆盖因此产生的额外开支和成本。

（3）掩饰失职动机。高勇强、陈亚静和张云均（2012），李四海、陈璇和宋献中（2016），权小锋、吴世农和尹洪英（2015）发现企业可能通过社会责任行为或"脱耦"行为（Decoupling Behavior，即"只说不做"），掩盖其失职行为（Irresponsible Behavior），反而造成了企业和利益相关者的损失。

（4）混合动机。张宗新、张晓荣和廖士光（2005）认为上市公司的自愿披露信息行为是基于揭示公司价值需要、再融资最大化需要和控制权安排需要3个动机。张建君（2011）则发现外企在中国捐款的动机有着显著的阶段性，基于内化价值和商业惯例的动机促使企业在事件发生的初期产生捐赠行为，而随着事件的发展，企业在后续的捐赠行为会基于社会期望和外部压力形成的动机。

目前，最前沿也是探索最少的方向是混合动机。区别于单个动机的并列或针对不同情境的动机发生变化，混合动机的独特性在于其背后起作用的机制之间带有冲突性和复杂性及其对企业CSR行为的混合影响。近年来较为典型的研究，例如Luo、Wang和Zhang（2017）通过实证研究发现，企业在面对中央政府和地方政府高度冲突的制度压力时，会倾向于做出尽早披露CSR报告的行为，但报告质量较低。再如Marquis和Qian（2014）发现，企业与政府之间存在的政治联系（例如，企业家担任政协委员、企业总部所在地域的制度完善程度）对企业发生两种相互冲突的动机，依赖（Dependence）和监督（Monitoring），基于此企业会更可能采取发布CSR报告作为应对依赖动机的"信号"，还会进一步提升CSR报告的质量以应对来自政府的监督。

所以，本书在探索企业利益相关者管理对企业CSR行为的影响时，将沿着混合动机的脉络，围绕"企业应对谁实施利益相关者管理"展开，试图弥补已有研究存在的缺陷：

第一，相关研究过度关注政府在企业CSR行为的作用。无论国内外，政府的确是企业相关者的重要组成部分，但并不是唯一。忽略其他利益相关者及他们对企业的影响一方面不利于理论的进一步发展。

第二，相关研究削弱了理论的现实意义。

同时，本书认为过度研究某单一利益相关者的深层次原因是鲜有研究实证验证利益相关者和非利益相关者对企业 CSR 行为影响的不同，所以研究者只能选择实践中最显著的利益相关者作为研究对象，从这个角度来讲，拓展利益相关者类型和范围也可以提升已有理论的解释力，Freeman（2010）也认为，企业在更广阔环境中对潜在利益相关者进行分析，该主体的行为及其背后的动机是需要着重关注的，尤其对于企业的潜在合作或竞争动机。

2.3 企业利益相关者管理对企业绩效的影响

企业利益相关者管理的影响再进一步就会涉及企业绩效层面，也即是从 CSR 行为的"对谁做"过渡到企业绩效层面的"做得好不好"。Nason，Bacq 和 Gras（2018）提供了一个企业社会绩效相关的行为框架，以表示企业利益相关者管理对企业绩效的影响以及在企业行为方面的体现。该框架将企业的 CSR 相关战略响应分为实质性行为（Substantive Actions）和符号性行为（Symbolic Actions），两者的区别在于前者会对企业社会绩效产生影响，而后者不会，其中实质性行为又包括技术性调整和另行添加，符号性行为包括相关符号行为和非相关符号行为。据此，本书认为企业利益相关者管理对企业绩效的影响，较之于对企业行为的影响又深入一层，是更加实质性影响的体现。

已有研究主要集中于两个话题：一是企业社会绩效与企业财务绩效之间的关系（Corporate Social Performance 和 Corporate Financial Performance，简称CSP-CFP）；二是两种绩效之间关系的作用机制。企业社会绩效和财务绩效之间的关系是战略管理和企业社会责任领域的一个经典话题。McWilliams和Siegel在2000年和2001年分别发表一个实证研究和一个理论研究，它们奠定了目前CSP-CFP研究的基本范式——McWilliams和Siegel（2000），McWilliams和Siegel（2001）认为企业社会绩效和财务绩效之间存在一个基于收益和成本对比的中立关系（Neutral Relationship）。之后的研究均沿着这条道路，探索了不同情境下各种形式的CSP-CSP，例如企业捐赠金额对企业财务绩效的影响（Wang and Qian, 2011; Brammer and Millington, 2008）、行业和企业个体特征对该关系的影响（Hull and Rothenberg, 2008; Eccles, Ioannou and Serafeim, 2014）、企业环境绩效对财务绩效的影响（Flammer, 2013）、资本市场中上市公司的社会绩效和财务绩效之间关系及影响因素，包括风险管理（Lins, Servaes and Tamayo, 2017）、超额财务回报（Flammer, 2015）、公司股票收益（Luo, Wang and Raithel et al., 2015）。

诚然已有研究对各种CSP-CFP的关系进行了深入的验证，但是对于企业如何实现两种绩效之间的关系，即两种绩效之间实现转换的作用机制，该话题尚待深入研究。Surroca, Tribo和Waddock（2010）提出CSP-CFP之间并不存在直接的关系，而是依靠企业的无形资源（Intangible Resources）实现相互转换。他们认为两种绩效的转换分为两个阶段：从企业社会绩效到财务绩效的关系由企业的利益相关者冗余资源实现，从企业财务绩效到社会绩效的关系由企业的利益相关者工具属性实现，这些资源包括企业创新、人力资本、社会声誉和企业文化等方面。

综上，本书研究将围绕企业如何通过利益相关者管理提高企业社会绩效这一议题展开。已有研究已经对各种形式CSP-CFP关系进行了检验，但很多结论尚未达成一致，究其根本原因是目前尚不清楚企业社会绩效的前因，尤其在企业如何创造和提升社会绩效方面。企业社会绩效的组织机制缺失使得研究可能存在因果倒置的风险，导致研究发现和结论无法达成一致，这同时也降低了理论对现实的解释力。所以，本书将尝试从组织流程角度，检验企业成立专职CSR部门对企业社会绩效的影响，致力于发现企业建立吸纳利益相关者的组织流程，开展常态化利益相关者管理工作是企业社会绩效的可行且稳定的组织前因。

2.4 企业利益相关者管理对企业整体价值的影响

企业利益相关者管理对企业绩效影响的延续就是对企业整体价值的影响。企业整体价值和企业绩效之间本就存在客观联系，根据刘淑莲（2004）的观点，企业价值理论分为财务观和经营观两个视角，前者以企业的各项财务指标和综合财务绩效为表征，体现的是企业整体价值的度量结果，强调税后利润，侧重于产权运作（例如，股权、债券）。而后者以企业的市场份额、产品销售、运营成本等经营指标作为表征，体现的是企业整体价值的创造及对应过程，强调税前利润，侧重于资产运作。所以，探索企业利益相关者管理对企业整体价值的影响是从企业的经营发展角度来看这个问题，较之于之前的企业行为和企业绩效，这个角度更加接近企业利益相关者理论的本质（见本书第2.1.2节关于企业利益相关者理论的综述），更可能推动该理论的发展。

现有关于企业利益相关者管理与企业整体价值之间关系的理论研究主要基于共享价值（Shared Value）概念。著名的企业战略学家Michael Porter与其同事将"共享价值"定义为"可以同时提升企业和环境竞争力的政策或运营实践"（Porter and Kramer，2011）。他们认为创造共享价值是企业着眼于更广大的社会环境来考虑收益和成本，聚焦于识别和扩展经济与社会共同发展的联系。区别于以往提出的企业社会责任的经济价值（Porter and Kramer，1999；Porter and Kramer，2006），Porter认为共享价值的实现路径根植于企业和利益相关者之间的互动——针对消费者的产品和市场重构、针对供应链企业的价值链重新定义以及针对当地其他利益相关者的基础设施建设和整体发展，其目的是将社会需求视为企业生产力发展的根本来源，做大价值"蛋糕"，而非是已有价值基础上的重新分配（Trade-off）。诚然，共享价值的理论框架具有前瞻性和奠基性，但是也被很多学者诟病[肖红军（2020）]，还需要进一步探索。本书则认为，共享价值的观点隐含着一种企业的社会化影响（Social Effect，Pfreffer，1981）的线索，即企业利益相关者管理对企业整体价值的影响有可能可以通过企业不断扩大利益相关者管理的范畴而实现，这也是一种企业治理社会化的体现。

综上，本书在该部分的目标是发展企业实现共享价值的利益相关者管理过程模型，该模型致力于展现企业利益相关者管理对于企业整体价值的影响过程，包括阶段特征、对应机制和结果，进一步总结和提炼企业利益相关者管理与企业价值之间的理论关系，为企业利益相关者理论"整体化"趋势的发展迈出重要一步。

2.5 本章小结

本章是本书的理论基础。本章首先回顾了企业利益相关者理论的发展脉络，提出了已有的企业利益相关者视角、企业利益相关者理论、企业社会责任理论和企业利益相关者理论的"整体化"趋势这四条理论主线。进一步，本章回顾了企业利益相关者管理对企业行为、绩效和价值影响的实证研究，据此提出了现有研究进展的缺陷和不足以及本书计划做出的理论和实证贡献。

第 3 章
理论框架和子研究概述

3.1 企业利益相关者管理过程框架

本章是本书的理论框架和下辖子研究概述。基于研究目标，本书的理论框架构建将围绕企业利益相关者管理及其影响展开。本书将采用过程视角来构建该框架。本书认为，企业利益相关者管理的本质是以企业为中心的行为过程。已有文献已经为企业利益相关者管理的过程模型构建奠定了基础，Freeman（1984）认为企业利益相关者管理是基于企业控制系统和企业战略的过程，前者包含方向性导入（Direction）、制定战略程序（Strategic Program）和制定预算；后者则涉及利益相关者分析、价值分析和社会性议题。这说明了自利益相关者理论源起，过程模型就是阐述企业和利益相关者之间关系和阶段性特征的适宜路径。同时，Freeman（1984）的过程视角仅阐述了企业管理内部利益相关者的行为过程。本书认为，作为组织和环境之间关系的一种体现（Freeman, 2010,）企业与利益相关者在组织层面的关系会更加复杂。本书将进一步从组织层面明确企业利益相关者管理的过程模式和阶段性特征，这有助于建立企业利益相关者管理过程及其对企业行为、绩效和价值影响的因果链条。

立足于组织理论和组织行为领域，本书提出从企业角度描述企业的利益相关者管理应是"一个过程，三个阶段，三类影响"（见下图）。

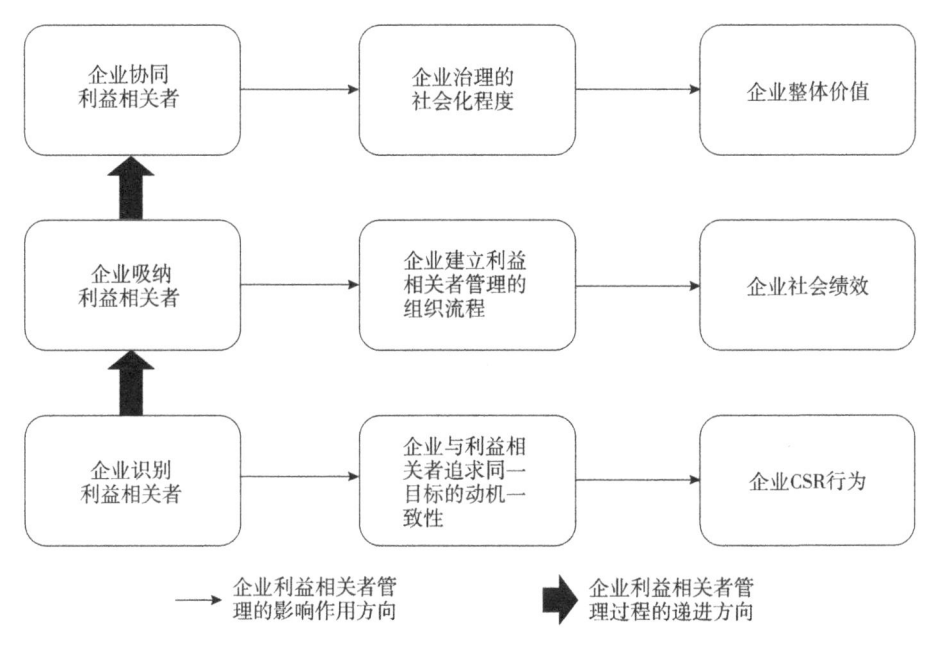

```
企业协同              企业治理的              企业整体价值
利益相关者     →      社会化程度      →
   ↑
企业吸纳              企业建立利益            企业社会绩效
利益相关者     →      相关者管理的    →
                      组织流程
   ↑
企业识别              企业与利益相            企业CSR行为
利益相关者     →      关者追求同一    →
                      目标的动机一
                      致性
```

→ 企业利益相关者管理的影响作用方向　　⇒ 企业利益相关者管理过程的递进方向

企业利益相关者管理过程框架

第一，在利益相关者管理过程中，企业会首先识别利益相关者，对企业的CSR行为产生影响。

第二，企业会吸纳利益相关者参与其生产经营活动，对企业的社会绩效产生影响。

第三，企业会协同业务层面和社会层面的多个利益相关者（群体），对企业整体价值的创造和发展产生影响。综合来看，企业利益相关者管理过程所产生的影响会随着利益相关者管理阶段的深入而递进，即后序阶段的影响将建立在前序阶段之上。

第四，识别、吸纳和协同三个阶段都包含着现有企业利益相关者理论尚未解决的重要议题。正如本书第1.2节所述，在识别部分，本书主要关注企业是否将某主体识别为利益相关者的结果对企业后序CSR行为的影响差异；在吸纳部分，本书主要关注企业设立专业的利益相关者管理组织流程对企业社会绩效的影响；在协同部分，本书主要关注企业协同利益相关者对企业整体价值的影响。本书认为企业协同利益相关者及其对企业整体价值的影响具有发展新的企业利益相关者管理模型的机会，因为企业协同利益相关者的内涵是基于做大双方"蛋糕"的目标下，企业对多个利益相关者（群体）的管理模式（Tantalo and Priem, 2016），这些都符合在本书第2.1.4节中提到的企业利益相关者理论的"整体化"趋势。

企业协同利益相关者及其影响的研究目前尚处于探索阶段。本书将对其展开两个方面的研究工作：一是本书将采用理论研究的方法提出协同概念在企业利益相关者理论中的定位以及它与已有相对成熟的企业利益相关者管理行为——识别和吸纳的区别和联系。这样也能强化企业利益相关者理论已有进展和"整体化"趋势的联系，使得理论的发展具有坚实的基础。二是本书将采用归纳和演绎相结合的案例研究方法对企业识别、吸纳和协同的企业利益相关者管理过程模型开展研究，探索企业利益相关者管理过程对企业整体价值的影响、阶段性特征和作用机制，进一步理论化企业利益相关者管理过程，为企业利益相关者理论的"整体化"趋势提供一个整合性的理论模型，为未来新理论的发展奠定基础。

综上，本书绘制了表3-1以总结企业利益相关者管理过程框架和其中各个理论主题的进展。

表 3-1 理论框架和各理论主题的进展

理论主题	企业识别利益相关者	企业吸纳利益相关者（参与）	企业协同利益相关者
概念	企业对潜在利益相关者以及它们可能对企业产生影响的判断（Mitchell, Agle and Wood, 1997）	企业开展的旨在引入利益相关者参与日常经营活动的企业责任实践（Greenwood, 2007）	企业利用多个利益相关者的工具属性及其内在联系为多方创造价值的过程（Tantalo and Priem, 2016）
关系	企业根据同一目标下自己与对方的动机是否一致识别利益相关者，识别结果对企业后序 CSR 行为的影响	企业吸纳利益相关者参与企业的日常生产经营活动对企业社会绩效的影响	企业协同利益相关者对企业价值的影响过程、作用路径和机制
基础理论	新制度主义理论、社会网理论	组织变革理论、组织职业化理论	企业利益相关者理论、企业社会责任理论、企业价值理论
发展阶段	相对成熟	相对成熟	尚待发展

3.1.1 命题 1：企业识别利益相关者与企业 CSR 行为

在识别部分，本书关注企业如何识别利益相关者以及识别结果对企业后序 CSR 行为的影响。正如前文所说，识别是企业进行利益相关者管理的开端，识别结果应显著影响企业 CSR 行为。在 CSR 发展的初期关于"什么是企业的社会责任"的争论中，Friedman（1970）提出的"企业实现利润最大化就是它的社会责任"观点的本质就是股东是企业应该识别的唯一利益相关者，所以对企业识别利益相关者的探索在理论发展的任何阶段都有基础性意义。

Mitchell, Agle 和 Wood（1997）提出了一个企业识别利益相关者的框架。他们认为与单纯对于利益相关者的客观描述不同，"识别"是企业对潜在利益相关者以及它们可能对企业产生影响的判断，企业与利益相关者之间往往存在权力（Power）、合法性（Legitimacy）和紧迫性（Urgency）这三种关系属性。随着关系属性的叠加，企业识别对方为利益相关者的可能性越大。Jones, Felps 和 Bigley（2007）进一步提出企业的利益相关者文化（Stakeholder Culture），比如解决利益相关者问题和管理与之相关的信念、价值观和实践，也是企业在决策中识别和响应利益相关者的重要影响因素。Barnett（2007）认为，识别是企业的利益相关者影响能力的一部分，而研究者往往基于CSR结果的成功与否来有选择性地研究企业对某一类利益相关者的管理，这种有偏离的研究思路导致已有的识别研究更多地建立在企业与某些特定的利益相关者的关系或影响之上，尚未深入地对情境中的各方进行具体分析。所以，研究者至今不能就企业利益相关者在各种情境中的重要性排序达成共识。

据此，本书提出识别研究应开始探索识别机制及其识别结果对企业行为的影响。不同情境中，企业涉及的利益相关者差异很大，要想解决Barnett（2007）提出的利益相关者排序不明，需要从企业和利益相关者之间关系、互动特征和相互影响结果出发，更有利于抽象出一般性规律，而不是从利益相关者或企业中的某一方入手。根据Freeman（2010）的观点，企业识别利益相关者首先应判断其目标是否与企业目标一致或具有关联性；其次判断利益相关者对企业达成目标的具体影响，包括没有显著影响、积极影响或消极影响，以及这种影响源于何方，包括来自利益相关者内部动力或外部环境的压力；最后企业才会决定是否执行对应的CSR行为以响应来自利益相关者的影响。本书认为，企业对潜在利益相关者的目标和具体影响/影响来源的判断是企业识别利益相关者的关键机制所在，体现为企业追求目标的动机和利益相关者追求同一目标的动机是否一致。

本书认为在企业识别利益相关者及其对企业后序CSR行为的影响中，双方动机是企业识别利益相关者的首要依据。动机相同与否决定了主体间是否存在相互影响，这种由动机带来的相互影响至少可以体现在组织间的两类主流关系：追求效率以获取竞争优势和追求合法性以提高生存概率（Meyer and Rowan，1977）。所以动机是否一致直接决定了企业识别该主体是否为自己利益相关者的结果。其次，动机是否一致还能够影响企业后序行为决策。另外，从动机角度回答"企业应对谁实施利益相关者管理"也呼应了本书第2.2节的观点，尤其是关于企业混合动机下的CSR行为研究。

目前所知最相关的研究是王红丽和崔晓明（2013）所做的，他们实证验证了企业在遭遇公共危机的情境中是否在第一时间正确识别危机相关的核心利益相关者对于危机管理成败的影响。研究发现，企业第一时间识别显著影响危机管理的结果正确与否，具体来说，错误的识别更可能导致危机管理的失败，即使之后企业进行了修正也对结果于事无补。该研究从企业识别结果的正确与否来阐述企业识别利益相关者对企业利益相关者管理行为的影响，但是尚未深入到作为识别机制的动机及其对企业之后行为的影响来看待这个问题，还有进一步研究的必要。

综上，本书在识别阶段的理论命题如下：

命题1：识别是企业进行利益相关者管理的基础，企业对利益相关者的识别体现为同一目标下企业与利益相关者的动机是否一致。动机一致的情况下，企业则识别对方为利益相关者，企业后序才可能响应其影响做出相应的CSR行为。

3.1.2 命题2：企业吸纳利益相关者与企业社会绩效

企业吸纳利益相关者参与企业的经营管理是目前利益相关者理论领域中讨论最多的话题。它是对企业和利益相关者互动关系的一种泛指，有学者将其归纳为一种企业承担的旨在吸纳利益相关者参与企业日常经营活动的责任实践（Greenwood，2007），还根据行为特征衍生出诸如主动利益相关者参与等相关概念（Cennamo, Berrone and Cruz et al., 2012）用来阐释企业特有的利益相关者导向的实质性行为。Laplume, Sonpar和Litz（2008）认为企业吸纳利益相关者本质上是企业对利益相关者的反馈和对应行为，关注的主要问题是"企业是否能够通过吸纳利益相关者参与实现社会价值的提升"，体现在争取支持、进行管理、平衡利益等方面。同时，由于吸纳利益相关者的参与涉及企业对应的组织结构、政策还有流程（例如，信息披露、董事会构成、慈善公益等），所以正如本书在第2.1.3节提到的，已有研究较为普遍地采用了企业利益相关者管理在公司治理中的体现作为研究课题。

本书认为，相比于在识别阶段基于动机对CSR行为的影响，企业确立吸纳利益相关者参与的组织流程（包括对应组织结构和政策）使得利益相关者管理可以对企业绩效产生持续的、实质性的影响。这种常态化的利益相关者管理可以一定程度上促进相关工作融入企业目标，克服识别阶段由于混合动机可能引发的行为偏差，正如本书第2.2节综述的企业可能通过CSR行为来掩盖自己在其他方面的失责（高勇强、陈亚静和张云均，2012）和企业面临复杂情境下的CSR"行为脱耦"（Luo, Wang and Zhang, 2017）。已有研究证明企业对利益相关者参与的良性吸纳会获得利益相关者的信任和良好的社会声誉，进而实现企业社会绩效和财务绩效之间的转化，体现在融资成本的降低（Cheng, Loannou and Serafeim, 2014）和资本市场危机中对股价的保护（Shiu, Yang, 2017）。

所以，本书提出除了检验企业识别利益相关者对企业CSR行为的影响，探索企业CSR行为向社会绩效的稳定转化还需要回答"企业如何吸纳利益相关者"。本书认为企业吸纳利益相关者在公司治理层面的确立体现为企业成立一个专门的组织流程，包括成立职能部门、设置对应岗位、开展相关工作，它在组织中有明确的命令链和层级，可以确保吸纳利益相关者的参与对企业绩效有实质性影响。

本书还认为基于对社会绩效的影响，企业吸纳利益相关者的组织流程还可能在企业社会绩效和财务绩效之间转化扮演重要角色。两种绩效相互影响的过程与企业建立的吸纳利益相关者的组织流程的特征息息相关。一方面，专门的利益相关者工作流程可以帮助企业提升创造社会绩效的效率，有效地运用企业为此投入的各类资源，通过降低成本来减少对财务绩效的负面影响；另一方面，专门的利益相关者工作流程还可能放大由社会绩效带来的无形资产，例如利益相关者的信任、社会声誉等，对财务绩效产生的积极影响，进一步减少企业的交易成本或提升企业的业务收入和品牌价值。上述影响还有赖于包括企业对CSR工作的支持力度、企业本身的资源冗余程度等在内的企业利益相关者管理组织流程的特征。企业社会责任领域的"行善得福"（Falck and Heblich，2007）观点也一定程度上支撑了上述观点。

综上，本处提出吸纳阶段的理论命题如下：

命题2：在识别基础上，企业对利益相关者参与的吸纳体现为对应组织流程的建立，具备该组织过程的企业更可能实现企业社会绩效及其他潜在影响（例如社会绩效与财务绩效的相互转化）。

3.1.3 命题3：企业协同利益相关者与企业整体价值

企业协同利益相关者是本框架的核心阶段。区别于识别和吸纳阶段，协同阶段有两个特征：一是区别于识别和吸纳阶段对企业整体价值属性的平衡，而企业协同利益相关者被认为是一种"做大价值蛋糕"的可行路径；二是处于协同阶段的企业往往面临多层次的利益相关者（群体）的共同决策，而识别和吸纳更多地体现在企业针对某一类利益相关者。Tantalo和Priem（2016）对这个概念进行了首发研究，他们将其定义为企业基于多个利益相关者的工具属性所开拓的机会从而实现价值创造的过程。之所以将企业协同利益相关者视作"做大价值蛋糕"的可行方式，他们认为协同可以同时为多个利益相关者创造了不同类型的价值，还不会因此损害其中任何一方的价值。他们提出，企业可以通过细分利益相关者的实用功能（Utility Function），发现利益相关者之间存在的经济或非经济因素关联，进而实现了利益相关者的协同。

企业经济学认为，企业是服务于股东的市场主体，与其经济价值相对立的社会价值以及所对应的利益相关者被视为一种"零和博弈"，即从全局来看，企业中相关者利益的增长就是股东损失。所以，正如本书在第1.1.2节所提到的，领域内的关于企业与多个利益相关者关系的研究往往会采用平衡或兼顾视角（例如，Ogden and Watson, 1999；Luoma and Goodstein, 1999；张宗新和季雷，2003；陈宏辉和贾生华，2005）。这种视角本质上还是建立在割裂的经济价值和社会价值之上，而不是对企业整体价值的考量上[①]。

自Porter和Kramer（2011）提出了"共享价值"概念后，利益相关者理论被认为是可以帮助企业实现经济价值和社会价值的统一这一目标的理论路径。但是这还需要深入描述企业与多个利益相关者互动的情境，厘清其中的过程和机制，才能做到两者在概念内涵和因果路径的融合，正如Freeman（2010）所说，"下一阶段，利益相关者理论将重新定义我们如何看待价值创造"。上述思路暗合理查德·斯科特（W. Richard Scott）和杰拉尔德·戴维斯（Gerald F. Davis）在2011年的《组织理论：理性、自然与开放系统的视角》所提出的"开放系统"的思路，"开放系统"会将企业视作环境中的一个主体，与环境中的其他主体一样对环境完全开放并受到各种环境因素（例如资源、制度）的影响和塑造，这也符合Freeman（2010）关于企业与利益相关者之间的关系实质上是组织和环境之间的关系的观点。

正如"企业利益相关者理论"部分（本书第2.1.2节）所言，已有企业利益相关者理论在利益相关者对企业整体价值的影响上存在分歧。持"统一"观点一方认为，利益相关者与企业之间关系对企业的内在价值和工具价值都

---

① 虽然Freeman在文章中专门批判过这种假设视角（见Phillips, Freeman and Wicks, 2005），但是不可否认在相当长一段时间里，相关领域的研究都是秉承着这种视角而进行的。

有着显著影响。持"割裂"观点一方认为，企业内在价值是利益相关者对企业产生影响的前提，利益相关者与企业之间关系应该侧重在工具价值方面的讨论。本书认为，解决上述理论分歧需要进一步探索利益相关者在企业整体价值中扮演的角色和对企业创造价值起到的作用，企业协同利益相关者正是契合上述背景的概念，它为发展新的企业利益相关者理论模型提供了机会。

尽管企业协同利益相关者是探索企业利益相关者管理对企业整体价值影响的良好开端，本书认为Tantalo和Priem（2016）的观点和证据还有待进一步发展。譬如关于他们在论文中举的企业协同实践的例子——一个产品的环境友好设计可能引起消费者的消费行为和信任，企业还可以借此差异化定价以服务于股东利益，还可能因为给社区环境的贡献从而被减免设施使用成本和政策补贴，这些来自利益相关者的实用功能均可能促进企业整体价值的创造和最大化——本书认为这些尚不能完全支持"企业可以通过协同利益相关者进而做大企业整体价值蛋糕"的逻辑：一方面他们关注的依然是不同的企业利益相关者管理结果之间关系，忽略了企业利益相关者管理的过程以及利益相关者在其中的角色，无法明确利益相关者对企业整体价值的具体作用和机制；另一方面，上述例子强调的依然是企业通过利益相关者管理所获得的收益，并未阐述利益相关者在其中获得的收益，这种思路依然是侧重兼顾企业与利益相关者之间的利益，而不是"做大双方的蛋糕"。

对此，本书提出对于企业协同利益相关者对企业整体价值影响的理论研究，本书将关注企业进行利益相关者管理为各方创造的价值以及价值变化过程。现有企业价值理论将其称为企业整体价值的资产运作视角（刘淑莲，

2004），该视角下的企业整体价值取决于企业及业务涉及利益相关者的广度和深度，体现在市场份额、用户规模、产品设计、企业估值等企业资产类指标之中。据此，本书提出企业协同利益相关者"做大价值蛋糕"的逻辑是随着企业业务的扩张，企业经营管理涉及的利益相关者范畴随之扩大，企业通过提升其治理的社会化程度，尤其是对业务层面和社会层面的利益相关者的权力、责任、利益（高汉祥和郑济孝，2010）的分配，实现企业整体价值的增长。

综上，本书提出协同部分的理论命题如下：

命题3：基于识别和吸纳阶段，企业协同利益相关者体现为企业基于公司层面的利益相关者管理，进而对更高层面（如社会层面）的利益相关者群体产生影响，实现了从单一利益相关者管理到多层次利益相关者治理的企业更可能实现企业整体价值的提升和在经济、社会方面的统一。

3.2 框架下辖子研究概述

3.2.1 研究1：验证命题1的实证研究

本书设计了研究1以验证命题1。研究1是一个定量的实证研究，采用我国A股上市公司的面板数据作为研究数据，该研究旨在检验企业识别利益相关者的结果对企业CSR行为的影响。该研究选取已有理论提出的企业识别利益相关者的重要标准——企业可以通过对自己合法性属性的影响来识别主体是否为自己的利益相关者（Mitchell, Agle and Wood, 1997），尝试验证企业将基于追求合法性动机是否一致来识别利益相关者，并根据识别结果做出是否采纳CSR行为的决定。

研究1选取了A股上市公司披露CSR报告行为沿着连锁董事会网络扩散作为研究情境。处于同一连锁董事会网络中的企业互为利益相关者已经被学界普遍验证［Shropshire（2010）］，具体表现为企业之间会因为追求同一个目标而发生行为、实践、战略上的相互模仿，进而造成它们在连锁董事会网络中扩散的现象。据此，本书将处于同一连锁董事会网络中企业间的"扩散—采纳"（Diffusion-adoption）关系按照研究对象的主客角色分为"同伴企业"（Peer Firm）和"焦点企业"（focal firm）[①]，焦点企业自愿披露CSR报告的概率是本研究的因变量。

本书采用DiMaggio和Powell（1983）提出的组织同质化制度变革的机制（Mechanisms of Institutional Isomorphismic Change）来解释A股市场中"强制+自愿"披露CSR报告的政策对身处不同披露要求的企业披露CSR报告的动机的影响差异（强制动机和自愿动机）。本书提出，身处自愿披露要求的焦点企业更可能响应同伴企业自愿披露CSR报告的扩散，而非同伴企业被强制披露的扩散效应。原因是企业基于强制和自愿两种动机披露CSR报告的背后意味着企业董事会对CSR披露的决策依据不同以及各自组织域中关于CSR披露的合法性积累方式不同，这使得连锁董事会网络中不同披露动机的企业间"扩

---

① 本书中的"焦点企业"是指属于自愿披露CSR报告的公司（因为一旦企业被划入强制披露板块，它们会每年持续披露CSR报告，并没有变化），而"同伴企业"是与"焦点企业"有连锁董事会联结的公司，并不限制其是否属于强制或自愿板块。

散—采纳"关系不成立。另外，基于社会网络理论中"主体相似性"和"网络结构"观点，本书还进一步检验了主效应的影响因素。

综上，若研究1证明作为自愿披露板块的焦点企业仅采纳来自自愿披露板块的同伴企业的扩散影响，则说明命题1成立，即企业和利益相关者追求同一目标的动机是否相同是企业识别利益相关者的机制，企业更倾向于识别采取同一动机追求同一目标的企业或其他组织作为某情境下的利益相关者，进而采纳它们的扩散影响，执行CSR行为。

3.2.2 研究2：验证命题2的实证研究

本书设计了研究2以验证命题2。研究2是一个定量的实证研究，采用我国A股上市公司的面板数据作为研究数据，旨在检验企业成立利益相关者管理组织流程——专职CSR部门——对企业社会绩效的影响。

选择企业成立专职CSR部门作为研究情境的原因是CSR部门作为企业中负责利益相关者管理工作的职能部门，是吸纳利益相关者参与企业日常经营的正式组织渠道。本书通过检验企业是否成立CSR部门对企业社会绩效的影响有助于打开企业吸纳利益相关者的"黑箱"，为企业社会绩效的实现提供组织流程角度的证据（Laplume, Sonpar and Litz, 2008; Greenwood, 2007）。基于已有研究（Ruf, Muralidhar, Paul, 1998; Cheng, Ioannou and Serafeim, 2014），本书采用企业CSR信息披露质量和企业ESG分数两种指标来测量企业社会绩效，对它们进行主效应检验的同时还在理论上辨别了CSR部门对这两种社会绩效的影响差异，进一步探索了两种效应中不同的影响因素。

本书试图从企业利益相关者管理工作的岗位变革和职业化来解释企业成立CSR部门对企业社会绩效的影响。就岗位变革来说，企业设置专职CSR部门意味着企业具备了利益相关者管理的工作岗位、工作规划和决策流程，可以吸纳企业内部利益相关者参与相关工作，保证工作的顺利开展，故而更可能提升企业CSR信息披露质量为代表的社会绩效；就职业化来说，企业设置专职的CSR部门意味着为吸纳企业外部利益相关者参与日常经营管理提供了一个正式渠道，有助于利益相关者管理的知识、经验和技能在企业各部门和业务之间的扩散、应用和创新，更可能促进企业ESG分数提升。

综上，若研究2证明企业成立专职的CSR部门可以显著地提升企业社会绩效，则说明命题2成立，即企业建立正式的组织流程可以帮助企业更好地吸纳利益相关者参与日常经营，通过利益相关者工作的岗位变革和职业化从而提升企业社会绩效。

3.2.3 研究3：发展命题3的案例研究

本书对应设计了研究3以证明和发展命题3。研究3是一个针对企业案例的质性研究，本书选取了2家互联网企业——清华控股慕华教育投资有限公司和快手科技——作为案例研究对象。研究3旨在探索企业利益相关者管理对企业整体价值的影响。该研究将采用归纳和演绎相结合的研究视角，致力于提出企业实现共享价值的利益相关者管理过程模型。

研究3从"企业如何实现经济价值和社会价值统一"这个现实问题切入，将价值统一概念化为企业共享价值（Porter and Kramer, 2011），尝试从利益相关者管理角度展开企业实现共享价值的过程。结合已有理论进展，该研究着重解决两个理论问题：一是企业如何通过管理利益相关者实现共享价值；二是利益相关者在企业实现共享价值过程中的角色和作用是什么。

本书提出，一是企业实现共享价值的利益相关者管理过程表现为企业识别、吸纳和协同利益相关者，协同阶段是实现价值统一的关键，表现为企业通过对多层次利益相关者（群体）的管理实现经济价值和社会价值的统一，其本质是企业基于业务扩展实现的治理社会化；二是随着企业的利益相关者管理阶段的深入，企业实现的共享价值不断扩大，体现在企业整体价值表征、价值主张，以及企业的价值统一路径等方面；三是相比于其他企业实现价值统一的路径，互联网企业实现价值统一的路径体现为职能管理机制和互联网技术机制的交织，互联网技术机制的重要性体现为帮助企业快速实现对多方利益相关者的管理，促进了价值统一进程的实现。

综上，若研究3能够证明企业协同利益相关者是企业基于公司层面的利益相关者管理，进而对更高层面（例如，社会层面）的利益相关者群体产生影响的过程，并且企业识别、吸纳和协同利益相关者可以实现企业整体价值的提升，尤其是企业经济价值和社会价值的统一，则说明命题3成立。

3.3 本章小结

本章的内容是理论框架和各子研究概述。本章在此首先构建了企业利益相关者管理过程框架，提出了企业利益相关者管理过程的三个阶段（前因）——识别、吸纳和协同和对应产生的影响（结果）——企业行为、绩效和价值。该框架呈现了本书对现有理论研究和实证研究的总结和研判：基于对已有理论观点的梳理，本书提出了这个整合性的企业利益相关者管理框架和管理逻辑，明确了研究问题和研究方向。基于对企业利益相关者领域和细分议题的研究进展分析，本书对领域发展的成熟度做出了判断，进而通过理论命题阐述了领域内亟待解决的问题和对应的贡献。本书据此开始了各子研究的设计和开展，关于理论框架和各子研究的关系概括见表3-2。

表 3-2 理论框架和各子研究关系

企业利益相关者管理过程框架			
研究主题	①企业识别利益相关者	②企业吸纳利益相关者参与	③企业协同利益相关者	④企业社会性结果
主效应	①→④	②→④	①→②→③→④	
研究问题	处于同一连锁董事会网络的企业间强制和自愿披露CSR报告对后序企业自愿披露CSR报告行为的影响	企业成立专职的CSR部门对企业社会绩效的影响	在识别和吸纳利益相关者基础上，企业通过业务的社会化进而协同利益相关者（群体），实现企业经济价值和社会价值统一的过程	CSR行为（识别部分） 企业社会绩效（吸纳部分） 企业整体价值（协同部分）
研究情境中的利益相关者或对应主体	董事会中共享一个或多个相同董事的，处于同一连锁董事会网络中的企业群体	企业内部专职CSR部门	企业业务的目标群体和在业务情境中能够影响目标群体的关联群体	
研究贡献	验证已有观点	完善已有理论	发展新理论模型	
研究视角	主体视角	主体视角	过程视角	
研究方法	定量研究，二手面板数据	定量研究，二手面板数据	案例研究，一手质性数据	

第 4 章

企业间不同动机披露 CSR 报告对后序企业披露的影响

4.1 研究小引

以上市公司为代表的企业群体需要向社会公众和投资者披露CSR报告逐渐成为全球资本市场的一种共识。披露CSR报告被认为是企业CSR行为的一种，很多国家的法律法规倡导甚至强制企业定期披露CSR报告，我国也不例外：上交所和深交所分别在2008年和2006年发布了《关于加强上市公司社会责任承担工作暨发布<上海证券交易所上市公司环境信息披露指引>的通知》和《深圳证券交易所上市公司社会责任指引》政策，这标志着国家监管部门明确倡导A股市场上市公司定期披露CSR报告。

根据政策，A股上市公司被分为强制和自愿披露板块，处于强制披露板块的公司必须定时披露CSR报告[①]，而处于自愿板块的企业自主决定是否披露CSR报告。图4-1是2008—2016年A股市场的CSR报告披露的企业总量、强制披露企业总量和自愿披露企业总量。从图中可以发现，8年间自愿披露CSR报告的企业数量增长缓慢。直至2019年，共有945家A股上市公司披露社会

---

① 被要求强制披露CSR报告的上市公司是A股市场中的上证海外、上证金融、上证治理和深证100这四个板块的成分股。

责任报告，其中自愿披露的公司仅有487家，占比依然不超过50%，这意味着A股市场中企业自愿披露CSR报告的动机并不强烈，发生实际自愿披露行为的概率较小。

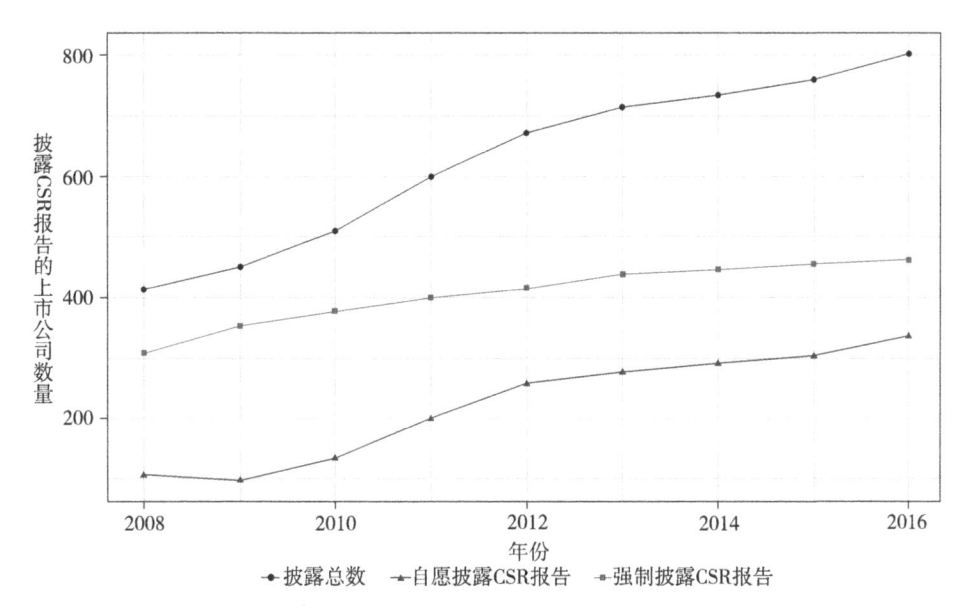

图 4-1　2008—2016年我国A股上市公司CSR报告披露情况

就以往研究发现来说，该现象一定程度上是反常的，即A股市场中的企业应有较强的自愿披露动机并有较大概率转化为实际披露行为，原因有三：一是A股市场中明确倡导企业披露CSR报告，企业应具备明确的自愿披露CSR报告以追求合法性的动机（Marquis and Qian, 2014; Luo, Wang and Zhang, 2017）；二是A股市场中被要求强制披露的企业对属于自愿披露的企业应有"带动作用"（Krause, Wu and Brutonet et al., 2019）；三是随着A股市场中自愿披露的企业数量增加，企业间应形成一种自愿披露CSR报告的行为规范（behavioral norm），激发企业的自愿披露行为（韩洁、田高良和李留闯，2015）。

对此，本研究提出企业是否采纳来自其他企业披露CSR报告的扩散影响还与企业识别其他企业披露CSR报告的动机是否与自己一致有关。正如本书第3.2.1中所说，企业需要通过动机来识别其他企业是否为该情境下的利益相关者，从而再决定是否采纳来自它们的扩散影响。本研究采用新制度理论对此进行解释：组织间行为的扩散是组织对于组织域中制度压力的响应，它们会通过采用某种技术、治理结构或相关实践来保证组织生存的合法性和竞争优势（Strang and Meyer, 1994; Strang and Soule, 1998; Scott, 1995）。DiMaggio和Powell（1983）进一步提出组织采纳同质化变革（Isomorphic Changes）的制度机制，包括强制同质化（Coercive Isomorphism）、模仿同质化（Mimetic Isomorphism）和规范同质化（Normative Isomorphism），他们认为这些机制即"组织采纳同质化的动机"（the Motive Forces of Homogenization），也就是说，即使是面对制度压力做出同样的变革行为，企业间的动机也可能是不一样的。

一些学者提出组织不同的同质化动机可能通过影响组织间的采纳从而导致扩散结果发生变化，即不同的同质化动机之间对组织采纳扩散的影响并不相容甚至相互冲突"（Scott, 1995）。他们认为已有研究更多地关注了组织间扩散结果受到的已经采纳了扩散的组织的影响，而忽视了来自扩散源的组织及相关特征的影响（Scott, 1995）。在DiMaggio和Powell（1983）提出的三种组织同质化动机中，强制动机及其对应的另一面——自愿动机（包括模仿动机和规范动机）在促进组织采纳扩散影响的差异是目前很少涉足却值得探索的。因为多数研究集中于验证组织的自愿动机及其带来的结果，因此Dobbin

(2004)批评道:"他们(新制度理论学者)的关注点更多的是组织出于自愿的变革。"Pfeffer(1997)也持相同观点"制度理论更强调市场和自愿交易的运作,权力、强制和剥削被忽略了。"

所以,本研究试图验证企业是否采纳组织域内其他企业披露 CSR 报告的扩散影响取决于企业是否识别对方为该情境下的利益相关者。基于已有理论观点:两者之间关系是否会对企业追求合法性产生影响是企业识别情境中利益相关者的标准(Mitchell, Agle and Wood, 1997),本研究将进一步深入验证上述识别标准的重要机制——企业之间追求合法性的动机是否相同对它们互相识别为利益相关者的影响。Mitchell, Agle 和 Wood(1997)的观点隐含的意思是与企业目标一致的主体就是企业的利益相关者,而本研究进一步提出以同一动机追求同一目标的其他企业才会被企业识别为该情境下的利益相关者。

正如在本书第 3.2.1 节所言,为了能够精确地区分不同动机的企业扩散对后序企业采纳的影响,本研究选取了一个已经被以往学者所广泛研究的组织域——企业间连锁董事会网络来作为实证情境,已有系统的理论研究表明企业间连锁董事会是研究企业间实践"扩散—采纳"关系的适宜情境(Shropshire, 2010)。研究结果发现,对于自愿披露的焦点企业来说,它们会识别同属于自愿披露板块的同伴企业作为该情境下的利益相关者,所以更可能会在这些同伴企业披露 CSR 报告后,采纳该扩散并随之做出类似行为,而属于强制披露板块的同伴企业是该情境下的非利益相关者,企业并不会采纳它们的披露行为所带来的扩散影响。

4.2 研究假设

Shropshire（2010）系统地阐述了处于同一连锁董事会网络中的企业间如何相互影响使得某种实践在企业间扩散进而相互采纳的现象，这确认了从整体上看，处于同一连锁董事会网络的企业互为利益相关者。她认为，连锁董事会网络对于其中的企业来说首先意味着高管之间的信息网，当其中的企业采纳了某种实践（如披露CSR报告），与此相关的实质性信息、知识和经验就会通过企业间共享的高管向其他企业的董事会传播，与此同时，由于传播直接面向企业决策层，所以这种信息往往更可能被关注，进而被采纳。其次，她还认为将连锁董事会看作一个企业环境，环境中采纳某实践的企业数量也是影响企业后序采纳可能性的重要因素——数量越多，随着该实践的合法性积累，对网络中企业的制度性压力也越强，比如规范性压力、模仿性压力等。

在上述基础上，本研究进一步提出连锁董事会网络中企业间实践的扩散还取决于企业间采纳该实践的动机是否一致，焦点企业将根据同伴企业采纳扩散的动机是否与自己一致来识别其是否为该情境下的利益相关者，即自己是否接受它的影响进而采纳扩散。对应到研究所采用的我国A股市场关于CSR披露的强制披露和自愿披露相结合的政策，本研究认为目前A股市场中的上市公司披露CSR报告有强制动机和自愿动机两种情况，并且自愿披露的企业采纳披露CSR报告对自愿披露CSR报告的企业之后的采纳决策有显著的正向影响，而被强制披露的企业采纳披露CSR报告对自愿披露CSR报告的企业之后的采纳决策没有显著影响，原因如下：

第一，具有强制动机的企业披露CSR报告不能为其他企业采取自愿披露的决策提供更丰富的决策信息和参考经验。相对于自愿披露动机来说，强制披露动机的企业会直接服从政策要求，做出披露CSR报告的决策，这也被DiMaggio和Powell（1983）认为是强制动机和其他自愿动机最大的不同——企业直接受到来自国家的权威影响，披露CSR报告为企业带来的合法性是由法律法规和国家公共政策所赋予的，处于这种影响下的企业会迅速采纳披露CSR报告，并不会考虑其他企业是否采纳对自己的影响，已有实证研究的发现，如Sutton, Dobbin, Meyer, et al.（1994）、Dobbin和Dowd（2000）都支持了上述观点。

第二，具有强制动机的企业披露CSR报告并不能为组织域内其他企业采取自愿披露的决策积累合法性。企业间强制和自愿动机的背后意味着披露CSR报告这一实践在企业间合法化（Legitimated）的来源不同，根据DiMaggio和Powell（1983）对于强制动机和自愿动机的定义，强制动机所带来的企业间扩散往往源于外部环境的力量，例如国家机构的政策要求或法律法规，而自愿动机所带来的扩散往往源于组织域中企业间的相互影响，例如模仿动机是源于对其他企业应对不确定性做法的学习，规范动机是源于企业间或行业内部的职业化趋势。Tolbert和Powell（1983）则进一步验证了不同的合法性来源决定了实践在企业间的扩散流程也不同，强制动机和自愿动机的企业间扩散表现为两种模式——前者是一种"立竿见影"效应

（Landslide Effect）；后者则是一种渐进式影响。他们认为，两种扩散模式意味着它们对后进企业采纳实践的激励并不相同，甚至相互冲突。后续相关研究则探索了这些不同的激励具体是什么，例如社会性成果／技术性成果（Kennedy and Fiss，2009）以及企业间对应的扩散特征（Ansari, Fiss and Zajac，2010）。

结合前一点，Rossman（2011）提出企业间基于不同动机的扩散的合法性增长方式也不同。根据合法性的来源，他将企业间扩散分为外生性扩散（Exogenous Diffusion）和内生性扩散（Endogenous Diffusion）。他认为，企业间外生性扩散（例如，本书中的企业间强制披露CSR报告）意味着企业直接响应的是组织域中的外生压力，而这些外生压力并不以增加扩散受众为目标，即响应外生压力并采纳扩散的企业在每个阶段的比例都是固定的，其合法性只能在该企业群体中传播。而企业间内生性扩散（如本书中企业间自愿披露CSR报告）意味着企业响应的是组织域中其他企业的采纳决策。随着越来越多的企业采纳，该实践所具备的合法性会不断积累和强化，对后序企业采纳决策的推动作用会越来越强，扩散速度会在一定时间内不断提升，这也说明了强制动机下披露CSR报告对该实践在组织域中的合法性积累并没有帮助，对后序其他企业自愿采纳披露CSR报告影响不显著。

据此，本章提出以下假设：

假设1a：建立企业间连锁董事会网络的扩散效应之上，如果同伴企业发生了自愿披露CSR报告行为，那么焦点企业更可能发生披露CSR行为。

假设1b：建立企业间连锁董事会网络的扩散效应之上，如果同伴企业被强制发生了披露CSR报告行为,那么焦点企业发生披露CSR行为的概率不会有显著变化。

假设2a:建立企业间连锁董事会网络的扩散效应之上,如果自愿披露CSR报告的同伴企业数量上升,那么焦点企业更可能发生披露CSR行为。

假设2b:建立企业间连锁董事会网络的扩散效应之上,如果被强制披露CSR报告的同伴企业数量上升,那么焦点企业发生披露CSR行为的概率不会有显著变化。

4.3 研究设计

4.3.1 样本选取和数据来源

本研究选取了我国A股市场上的上市公司作为研究对象,包括深圳证券交易所的主板、创业板和中小板上市公司以及上海证券交易所的主板上市公司。本研究的数据集包括2008—2014年所有上市公司的CSR披露事件,需要说明的是:本研究的原始数据集的时间序列是2008—2019年。在经过样本筛选和数据清理之后,再结合近年来相关研究所采取的时间序列,本研究认为2008—2014年是研究此话题的适宜时段,能够在变量和模型中观察到系统、稳定的变异;另外,为了检验焦点企业是否识别同伴企业为利益相关者对焦点企业披露行为的影响,本研究中的"焦点企业"仅纳入属于自愿披露CSR报告的公司。为了构造数据集,本研究合并了两个数据源。具体而言，上市公司的CSR披露情况来自我国CSR咨询公司商道纵横建立的"定量指标数据库"。连锁董事会网络和其他公司级信息来自国泰安数据库（CSMAR），该数据库广泛用于中国上市公司的研究（如Marquis and Qian, 2014; Luo, Wang and Zhang, 2017）。本研究还将数据库与政府监管方的上市公司披露渠道进行了三角检验，例如由中国证券监督管理委员会（CSRC）监管的上市公司信息披露网站"巨潮资讯网（Cninf）"，以确保数据的可靠性和有效性。

根据连锁董事会网络中两个层面的企业间关系——单个社会网连接两端的同伴企业和焦点企业之间的一对一的二元关系（Dyadic Relations）和网络层面的同伴企业数量和焦点企业的多对一的集体关系（Collective Relations），本研究分别建立了两套数据以检验企业间披露CSR报告行为随着连锁董事会的扩散。具体来说，对于企业间一对一的二元关系，它的数据采用"二元—年"（Dyadic-year）的形式，对于企业间多对一的集体关系，数据表现形式则是"企业—年"（Firm-year）。本研究的原始样本包括2535家上市公司，其中863家上市公司在研究时段（2008—2014年）至少披露了一份CSR报告。

在"二元—年"数据集中，它包含29515个观察值。13.87%的观察结果是自愿披露CSR报告的。平均而言，有28.35%的同伴企业强制和自愿披露了其CSR报告。每个观察值都是特定年份（即焦点企业—同伴企业—年）中的一对企业，焦点企业及与它有连锁董事会连接的某一个同伴企业，用于检查H1a和H1b。

在"企业—年"数据集中，原始数据集有13957个观察值。其中，有29.35%的观察值强制和自愿披露了CSR报告。在消除了必须披露CSR报告的观察值之后，最终样本包括2137家上市公司中的10684个观察值，其中451家上市公司在研究时段（2008—2014）中至少自愿披露了一份CSR报告。平均每个"企业—年"的观察值都对应着1.09个同伴企业在去年披露了CSR报告。考虑到"企业—年"数据的目标是检验同伴企业CSR披露的整体影响，基于上述处理后的样本，本研究进一步创建了一个子最终样本，该样本包括至少具有一个观察值的观察值，去除了在研究时间中没有同伴企业披露CSR报告的企业—年观察值，依然披露了CSR报告的焦点企业。该最终样本包括5678个"企业—年"观察值，其中877个观察值属于自愿披露CSR报告的企业。每个观察结果都是一对"企业关系"，即焦点企业及其在特定年份的同伴企业的CSR披露情况（即披露数量）（如焦点企业对等公司年份的重点公司CSR披露情况）。将用于检验H2a和H2b。

4.3.2 研究方法和变量设计

由于企业社会责任的披露是以年为单位的事件，而且本研究的大多数独立变量和控制变量都是随时间变化的，因此本研究将其行为和相关条件滞后一年。本研究在实证分析中使用事件历史模型（Box-Steffensmeier and Jones, 2004）这一方法，已有研究已经在类似研究中使用过这种方法，例如Luo，Wang和Zhang（2017）。与logistics回归相比，离散时间事件历史模型（Discrete-time Event History Model）使用了cloglog模型，可以更好地排除公司不随时间变化因素的混淆影响，因为系数同时体现了公司的组内差异和组间差异。进而，本研究还进行了稳健性分析以克服其他潜在的内生性问题。

表4-1展示了"二元—年"数据集的所有变量。其中的关键变量——因变量［焦点企业披露（Focal_dis）］是一个虚拟变量，即焦点企业是否发布企业社会责任报告。如果在特定年份发布CSR报告，则编码为1，否则为0。需要注意的是，它不包括强制披露板块企业，仅包括自愿披露板块企业的观察值。

表4-1 "二元一年"数据集的主要变量定义和说明

变量	名称	符号	定义	来源
因变量	焦点企业披露CSR报告情况	Focal_dis	焦点企业是否发布企业社会责任报告（二元变量，1=披露，0=未披露）	定量指标数据库/CSMAR
自变量	同伴企业披露CSR报告情况	Peer_dis	同伴企业是否发布企业社会责任报告（二元变量，1=披露，0=未披露）	定量指标数据库/CSMAR
	自愿披露的同伴企业披露CSR报告情况	Peer_dis_V	自愿披露的同伴企业是否发布企业社会责任报告（二元变量，1=披露，0=未披露）	定量指标数据库/CSMAR
	强制披露的同伴企业披露CSR报告情况	Peer_dis_M	强制披露的同伴企业是否发布企业社会责任报告（二元变量，1=披露，0=未披露）	定量指标数据库/CSMAR
交互变量	焦点企业和同伴企业总部所在地域的市场化程度差异	Market_diff	焦点企业和同伴企业总部所在省份之间市场化分数差的绝对值	NERI

自变量［同伴企业披露（Peer_dis）］是一个虚拟变量，如果同伴企业披露企业社会责任报告，则编码为1，否则为0。根据企业社会责任的政策，本研究将同伴企业披露分为两部分披露，其中强制披露的同伴企业（Peer_dis_

M）是属于强制性披露板块的同伴企业是否披露CSR报告（如果是，则编码为1，否则为0）；自愿披露的同伴企业（Peer_dis_V）是指属于自愿披露板块的同伴企业是否披露CSR报告（如果是，则编码为1，否则为0）。

该数据集中的交互变量是焦点企业和同伴企业所在地域的市场化程度差异（Market_diff），这是一个通过作者计算的变量，它的计算方法是焦点企业和同伴企业总部所在省份之间市场化指数差的绝对值，市场化指数的来源是北京国民经济研究所（NERI）[①]市场化指数数据（也被称为"樊纲指数"），本书采用的是樊纲、王小鲁、马光荣（2011）和樊纲、王小鲁、张立文等（2003）报告的我国1997—2009年31个省、市和自治区的年度"市场化进程相对指数"，根据本书的研究时段，本书节选了2007—2009年的数据放入模型。公式（4.1）和（4.2）表示了"二元一年"数据集的主效应。

$$Focal\_dis_{it}=\beta_0+\beta_1 Peer\_dis_{it}+\beta_2 Controls_{it} \quad (4.1)$$

$$Focal\_dis_{it}=\beta_0+\beta_1(Peer\_dis\_V_{it}+Peer\_dis\_M_{it})+\beta_2 Controls_{it} \quad (4.2)$$

表4-2展示了"企业一年"数据的所有变量。在"企业一年"数据集中，其中的关键变量——因变量与"二元一年"数据集相同，即焦点企业披露（Focal_dis）。

自变量为历年披露了CSR报告的同伴企业数量（Peer_disD）。与"二元一年"数据集相同，本研究将自变量分为两部分——自愿披露CSR报告的

[①] 北京国民经济研究所官网。

表 4-2 "企业一年"数据集的主要变量定义和说明

变量	名称	符号	定义	来源
因变量	焦点企业披露 CSR 报告情况	Focal_dis	焦点企业是否发布企业社会责任报告（二元变量，1= 披露，0= 未披露）	定量指标数据库 /CSMAR
自变量	同伴企业披露 CSR 报告情况	Peer_disD	发布企业社会责任报告的同伴企业数量	定量指标数据库 /CSMAR
	强制披露的同伴企业披露 CSR 报告情况	Peer_disD_M	发布企业社会责任报告的强制披露同伴企业数量	定量指标数据库 /CSMAR
	自愿披露的同伴企业披露 CSR 报告情况	Peer_disD_V	发布企业社会责任报告的自愿披露同伴企业数量	定量指标数据库 /CSMAR
交互变量	焦点企业和同伴企业的联系的紧密程度	Net_constraint	焦点企业的连锁董事会网络的闭合度	CSMAR

同伴企业的数量（Peer_disD_V）和被强制披露 CSR 报告的同伴企业的数量（Peer_disD_M）。

交互变量是焦点企业与同伴企业所在连锁董事会网络的闭合程度（Net_constraint），通过 Burt（1992）的方法计算的焦点企业所处于的连锁董事会网络的网络约束。公式（4.3）和（4.4）表示了"企业一年"数据集的主效应。

$$Focal\_dis_{it}=\beta_0+\beta_1 Peer\_disD_{it}+\beta_2 Controls_{it} \quad (4.3)$$

$$Focal\_dis_{it}=\beta_0+\beta_1(Peer\_disD\_M_{it}+Peer\_disD\_V_{it})+\beta_2 Controls_{it} \quad (4.4)$$

本研究为两个数据集设置了相同的控制变量。为了排除组织域中的替代性扩散来源，本研究首先控制了企业所在省域披露情况，所在行业披露情况，证券市场披露情况以及企业总部所在省域的市场化程度。所在省域披露情况（Province_dis）是指与焦点企业总部坐落在同一省份的上市公司某年的 CSR 披露数量。行业披露（Industry_dis）是与焦点企业处于同一行业分类的上市公司某年CSR报告披露数量。市场披露（Market_dis）是指A股市场某年CSR披露报告的数量。本地市场化程度（Marketization）是企业总部所在省域的市场化程度得分。本研究还控制了公司治理方面的变量。董事长和总经理两职合一（Duality）是一个虚拟变量，如果焦点企业的董事长和首席执行官是同一个人，则将其编码为1。企业属性（State）是一个虚拟变量，如果焦点企业是国有企业，编码为1，否则为0。企业股权集中度（Owner_con）由公司最大股东所占股份比例来衡量的。根据以往研究，本研究还控制了四个财务指标——债务资产比率（Leverage）、销售增长率（Sales Growth）、企业总资产（Firm Size）和资产回报率（ROA）。最后，本研究控制了年份虚拟变量来表示未观察到的随时间变化的因素。本研究还对一些变量进行了对数变换处理以消除统计口径不同带来的偏差（见表4-3）。

表4-3 "二元一年"和"企业一年"数据集的控制变量定义和说明

名称	符号	定义	来源
企业所在省域披露情况	Province_dis	指与焦点企业总部坐落在同一省份的上市公司某年的CSR披露数量	定量指标数据库/CSMAR
所在行业披露情况	Industry_dis	与焦点企业处于同一行业分类的上市公司某年CSR报告披露数量	定量指标数据库/CSMAR
证券市场披露情况	Market_dis	A股市场某年CSR披露报告的数量	定量指标数据库/CSMAR
企业总部所在省域的市场化程度	Marketization	企业总部所在省域的市场化程度得分	NERI
董事长和总经理两职合一	Duality	企业董事长和总经理是否两职合一（二元变量，1=是，0=否）	CSMAR

续表

名称	符号	定义	来源
企业属性	State	企业是否属于国企（二元变量，1 = 是，0 = 否）	CSMAR
股权集中度	Owner_con	企业第一大股东的持股比例	CSMAR
债务资产比率	Leverage	企业股票总市值	CSMAR
销售增长率	Sales growth	企业总资产	CSMAR
企业总资产	Firm size	企业负债率	CSMAR
资产回报率	ROA	税后净利润／总资产	CSMAR

4.4 实证结果

4.4.1 "二元一年"数据集实证结果

本研究首先展示"二元一年"这一套数据的结果以检验假设1a和1b。表4-4提供了这个数据集中变量的描述性统计，表4-5展示了变量之间的相关系数。由此可见，虽然绝大多数变量的相关系数在$p<0.01$的层面上显著，但并没有高于0.35的相关系数存在（除了披露与自身分类的相关系数以外），这从一个侧面说明了本模型较好地克服了内生性问题。此外，当去除了年份虚拟变量以后（Murray, Nguyen, Lee, et al., 2012），本研究不具备交互项的所有模型的VIF系数均低于3，具备交互项的模型VIF系数均低于5，它们均低于可接受的VIF系数基准值10（Kutner, Nachtsheim, and Neter, 2004）。

表 4-4 "二元一年"数据集变量描述性统计

变量	N	平均数	标准差	最小值	1/4 位数	3/4 位数	最大值
Focal_dis	29515	0.14	0.35	0	0	0	1
Peer_dis	29515	0.28	0.45	0	0	1	1
Peer_dis_M	29515	0.11	0.31	0	0	0	1
Peer_dis_V	29515	0.18	0.38	0	0	0	1
Market_diff	28634	0.81	1.27	0.00	0.00	1.34	9.74
Province_dis	29515	37.63	28.53	0	12	61	106
Industry_dis	29515	18.76	13.43	0	6	28	49
Market_dis	29515	579.95	165.81	57	550	686	720
Marketization	29380	7.51	1.70	−0.30	6.34	8.83	9.95
Duality	29170	1.77	0.42	1.00	2.00	2.00	2.00
Owner_con	29515	0.15	0.13	0.0005	0.05	0.21	0.80
State	29515	0.43	0.49	0	0	1	1
Leverage	29515	0.45	0.22	0.01	0.28	0.62	1.00
Sales growth	29044	0.09	0.24	−1.00	−0.02	0.22	1.00
Firm size	29515	21.68	1.05	14.94	20.96	22.31	26.71
ROA	29515	0.04	0.06	−0.72	0.01	0.07	0.63

表 4-5 "二元－年"数据集关键变量的相关系数表

变量	1	2	3	4	5
1. Focal_dis					
2. Peer_dis	0.08***				
3. Peer_dis_V	0.1***	0.55***			
4. Peer_dis_M	0.01*	0.74***	−0.16***		
5. Market_diff	−0.01*	0.03***	−0.01	0.04***	

*** $p < 0.001$; ** $p < 0.01$, * $p<0.05$, † $p<0.1$

本研究提出所有假设均建立在已有研究所达成共识"企业间连锁董事会网络的扩散效应"之上。表4-6中的Model 1结果显示，当同伴企业披露CSR报告时，焦点企业随后披露CSR报告的概率显著提升（β=0.32，$p<0.001$），这再一次验证和支持了该观点，也奠定了本研究后续检验的基础。同时本研究也发现了省域披露情况（β=0.01，$p<0.001$）、企业ROA（β=2.81，$p<0.001$）对焦点企业披露可能性的显著的积极影响，这也说明了模型中设置该控制变量的合理性，这也与以往研究得出的结论类似（如Luo, Wang and Zhang, 2017）。

表4-6中的Model 2~4进一步细化了Model 1的效应。展开来说，Model 2和Model 3分别检验了来自同伴企业自愿披露和被强制披露CSR报告对焦点企业后序采纳CSR披露概率产生的影响。Model 2的结果显示，同伴企业自愿披露CSR报告对焦点企业后序采纳CSR披露概率有着显著的正向影响（β=0.61，$p<0.001$）。但是Model 3的结果显示，同伴企业被强制披露CSR报告对焦点企业后序采纳CSR披露概率并没有显著影响（β=−0.04，p=0.30）。当本研究将这两种扩散效应放在同一个模型里（Model 4），上述结论依然保持不变，即同伴企业自愿披露CSR报告对焦点企业后序采纳CSR披露概率有着显著的正向影响（β=0.63，$p<0.001$），同伴企业被强制披露CSR报告对焦点企业后序采纳CSR披露概率并没有显著影响（β=0.08，p=0.10）。因此，本研究提出的假设1a和1b得到支持。

表4-6　"二元一年"数据集主效应结果

变量	Model 1	Model 2	Model 3	Model 4
Peer_dis	0.32***(0.03)			
Peer_dis_V		0.61***(0.04)		0.63***(0.04)

续表

变量	Model 1	Model 2	Model 3	Model 4
Peer_dis_M			−0.04(0.04)	0.08†(0.04)
Market_diff				
Province_dis	0.01***(0.001)	0.01***(0.001)	0.01***(0.001)	0.01***(0.001)
Industry_dis	−0.002(0.001)	−0.002(0.001)	−0.002(0.001)	−0.002(0.001)
Market_dis	−0.0004***(0.0001)	−0.0003**(0.0001)	−0.0003†=(0.0001)	−0.0004***=(0.0001)
Marketization	−0.10***(0.01)	−0.10***(0.01)	−0.11***=(0.01)	−0.10***(0.01)
Duality	0.10**(0.04)	0.11**(0.04)	0.11***=(0.04)	0.10**(0.04)
Owner_con	−0.02(0.12)	−0.0001(0.12)	−0.01=(0.12)	−0.003=(0.12)
State	−0.21***(0.04)	−0.20***(0.04)	−0.20***=(0.04)	−0.21***(0.04)
Leverage	−0.08(0.10)	−0.10(0.10)	−0.11(0.10)	−0.09=(0.10)
Sales growth	−0.33***(0.07)	−0.34***=(0.07)	−0.33***=(0.07)	−0.34***(0.07)
Firm size	0.42***(0.02)	0.43***=(0.02)	0.43***=(0.02)	0.42***=(0.02)
ROA	2.81***(0.30)	2.75***(0.30)	2.73***(0.30)	2.77***=(0.30)
时间虚拟变量	已控制	已控制	已控制	已控制
观察值数量	28594	28594	28594	28594
对数似然函数值	10953.11	−10899.22	−10996.07	−10897.54
AIC 值	21942.22	21834.44	22028.14	21833.08

*** $p < 0.001$; ** $p < 0.01$, * $p<0.05$, † $p<0.1$ 括号中报告的数值是标准差。

4.4.2 "二元一年"数据集进一步分析

本部分探讨和验证焦点企业和同伴企业所处省域的市场化程度差异对主效应的调节作用结果。选择检验焦点企业和同伴企业所处省域的市场化程度差异这一变量的调节作用,首先是基于社会网络研究中关于网络中主体同质化原则(Homophily),主体同质化原则认为在社会网络中主体之间的互动过程中,具有相似性的社会过程是最可能被捕捉到的(Powell, White and Koput, et al., 2005)。所以,本研究选择了探索主体之间的差异对同伴企业与焦点企业之间扩散关系的调节变量,该调节变量符合理论预期的结果也可以证明主效应的稳健性。

之所以选择企业所在省域的市场化程度差异这一变量,原因是除了追求合法性以外,企业披露CSR报告还被认为一种企业提升运营效率的市场行为,可以为企业减少融资成本和代理成本(Cheng, Ioannou and Serafeim, 2014)。企业(总部)所处省域的市场化环境作为可以激发企业披露CSR报告以追求效率目标的一种环境条件,探索它对主效应的调节作用,有助于进一步验证本研究提出的企业"以同一动机追求同一目标"识别利益相关者的标准,尤其体现在验证不同目标(追求合法性或效率)情况下,同伴企业披露CSR报告对焦点企业后序采纳CSR披露概率的影响,与主效应侧重验证在不同动机追求同一目标条件下焦点企业对同伴企业的利益相关者识别形成互补。基于此,本研究认为焦点企业和同伴企业所处省域的市场化程度差异对主效应有着显著的负向调节作用,当焦点企业和同伴企业之间差异越大,同伴企业披露CSR报告对焦点企业后序采纳CSR披露的概率的正向影响越小,反之,同伴企业披露CSR报告对焦点企业后序采纳CSR披露的概率的正向影响越大。

表4-7的Model 5~8分别展示了焦点企业和同伴企业所处省域的市场化

程度差异与同伴企业披露情况、同伴企业自愿披露情况和被强制披露情况的交互项对焦点企业后序采纳 CSR 披露的概率的影响，具体方法是计算焦点企业和同伴企业所处省域的市场化程度差异与上述几种同伴企业披露情况的交互项放入模型。根据 Model 5 的结果，本研究发现焦点企业和同伴企业所处省域的市场化程度差异与同伴企业的披露情况的交互项对焦点企业后序采纳 CSR 披露的概率有着显著的负向影响（β=-0.22，$p<0.001$）。Model 6 的结果显示，焦点企业和同伴企业所处省域的市场化程度差异与同伴企业的自愿披露情况的交互项对焦点企业后序采纳 CSR 披露的概率有着显著的负向影响（β=-0.29，$p<0.001$）。Model 7 的结果显示，焦点企业和同伴企业所处省域的市场化程度差异与同伴企业的被强制披露情况的交互项对焦点企业后序采纳 CSR 披露的概率也有着显著的负向影响（β=-0.08，$p<0.01$）。

表 4-7　"二元一年"数据集交互效应结果

变量	Model 5	Model 6	Model 7	Model 8
Peer_dis	0.48***(0.04)			
Peer_dis_V		0.79***(0.05)		0.83***(0.05)
Peer_dis_M			0.01(0.05)	0.18***(0.05)
Market_diff	0.03(0.02)	−0.005(0.01)	−0.03**(0.01)	0.03(0.02)
Province_dis	0.01***(0.001)	0.01***(0.001)	0.01***(0.001)	0.01***(0.001)
Industry_dis	−0.001(0.001)	−0.001(0.001)	−0.001(0.001)	−0.001(0.001)
Market_dis	−0.0004***(0.0001)	−0.0004**(0.0001)	−0.0003**(0.0001)	−0.0004***(0.0001)
Marketization	−0.11***(0.01)	−0.11***(0.01)	−0.12***(0.01)	−0.11***(0.01)
Duality	0.08**(0.04)	0.10**(0.04)	0.10**(0.04)	0.10**(0.04)
Owner_con	0.004(0.12)	0.01(0.12)	0.02(0.12)	0.01(0.12)

续表

变量	Model 5	Model 6	Model 7	Model 8
State	−0.21***(0.04)	−0.20***(0.04)	−0.20***(0.04)	−0.20***(0.04)
Leverage	−0.09(0.10)	−0.12(0.10)	−0.11(0.10)	−0.11(0.10)
Sales growth	−0.36***(0.07)	−0.37***(0.07)	−0.35***(0.07)	−0.37***(0.07)
Firm size	0.42***(0.02)	0.44***(0.02)	0.44***(0.02)	0.43***(0.02)
ROA	2.82***(0.31)	2.85***(0.31)	2.80***(0.31)	2.81***(0.31)
Peer_dis × Market_diff	−0.22***(0.03)			
Peer_dis_V × Market_diff		−0.29***(0.04)		−0.32***(0.04)
Peer_dis_M × Market_diff			−0.08**(0.03)	−0.14***(0.03)
时间虚拟变量	已控制	已控制	已控制	已控制
观察值数量	27862	27862	27862	27862
对数似然函数值	−10685.29	−10635.23	−10755.71	−10625.64
AIC 值	21410.58	21310.47	21551.43	21295.29

*** $p < 0.001$; ** $p < 0.01$, * $p < 0.05$, † $p < 0.1$ 括号中报告的数值是标准差。

进一步，本研究将自变量、交互变量进行标准化，对交互效应进行了简单斜率分析（Simple Slope Analysis）以展现不同程度下（高和低）的交互变量对主效应的影响，据此绘制了图 4-2~图 4-4。根据图 4-2，本研究发现从整体来看，焦点企业和同伴企业所在省域之间市场化程度差异较低时，焦点企业更可能采纳来自同伴企业披露 CSR 报告行为的影响（$\hat{\beta}=0.08$，$p<0.001$），当所处省域之间市场化程度差异较高时，同伴企业披露 CSR 报告对焦点企业后序采纳 CSR 披露概率的影响并不显著（$\hat{\beta}=0.006$，$p>0.1$）。

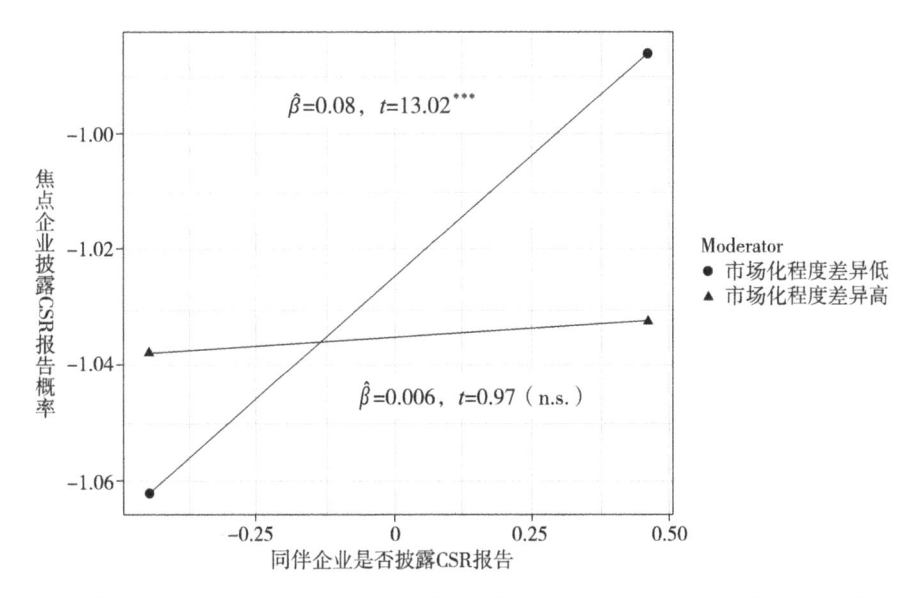

图 4-2 "二元一年"数据集交互效应：同伴企业是否披露 CSR 报告对焦点企业后序采纳 CSR 披露概率的影响（Model 5）

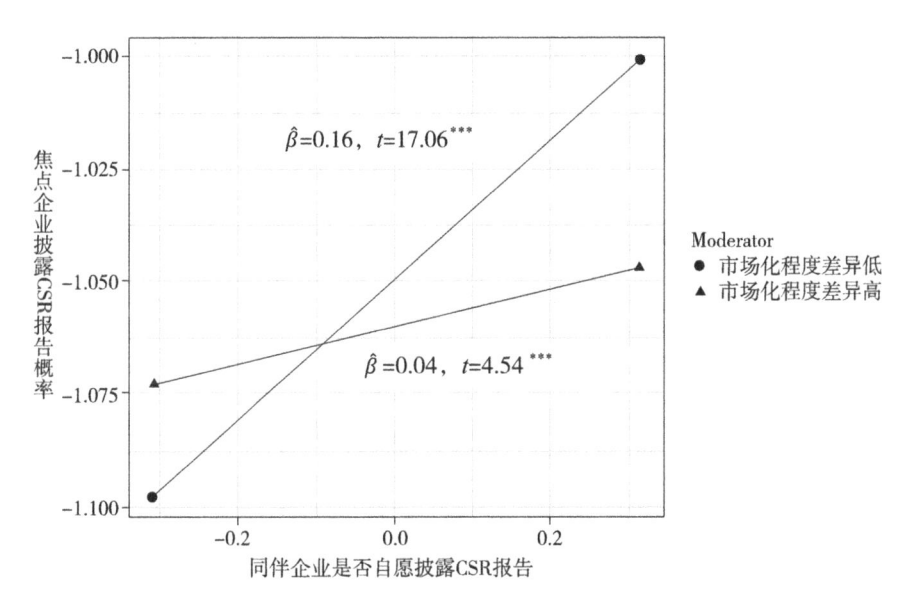

图 4—3 "二元－年"数据集交互效应：同伴企业是否自愿披露 CSR 报告对焦点企业后序采纳 CSR 披露概率的影响（Model 6）

图中文字:
$\hat{\beta}=0.008$, $t=1.16$（n.s.）
$\hat{\beta}=-0.02$, $t=-2.59^{***}$

纵轴：焦点企业披露CSR报告概率
横轴：同伴企业是否被强制披露CSR报告

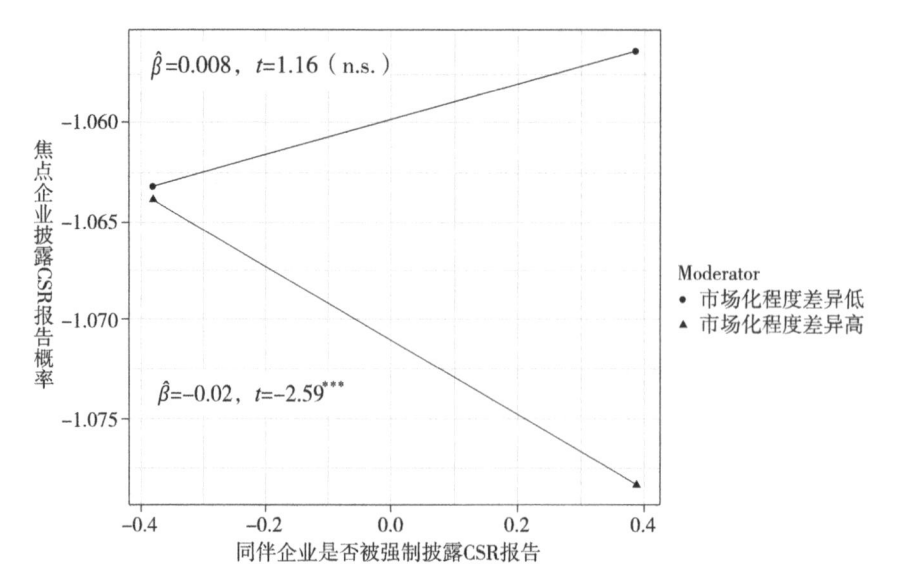

Moderator
• 市场化程度差异低
▲ 市场化程度差异高

图 4-4　"二元一年"数据集交互效应：同伴企业是否被强制披露 CSR 报告对焦点企业后序采纳 CSR 披露概率的影响（Model 7）

将同伴企业披露 CSR 报告的影响拆分，根据图 4-3，本研究发现所在省域之间市场化程度差异对同伴企业自愿披露 CSR 报告与焦点企业后序采纳 CSR 披露概率之间关系有着显著的调节作用，但是无论差异高低，同伴企业自愿披露 CSR 报告对焦点企业后序采纳 CSR 披露概率的影响均是正向显著（高差异：$\hat{\beta}=0.16$，$p<0.001$；低差异：$\hat{\beta}=0.04$，$p<0.001$）。根据图 4-4，本研究发现当所处省域之间市场化程度差异较低时，同伴企业被强制披露 CSR 报告对焦点企业后序采纳 CSR 披露概率并无显著影响（$\hat{\beta}=0.008$，$p>0.1$），有趣的是，当差异较高时，同伴企业被强制披露 CSR 报告对焦点企业后序采纳 CSR 披露概率有着显著的负向影响（$\hat{\beta}=-0.02$，$p<0.01$），也就是说，在该情境下，同伴企业被强制披露 CSR 会抑制焦点企业的后序采纳 CSR 披露概率，这解释了表 4-7 中 Model 7 交互项系数为显著负数的原因。

4.4.3 "企业—年"数据集实证结果

接下来，本研究采用了"企业—年"数据集来检验同伴企业披露CSR报告数量对焦点企业的影响。表4-8和表4-9展示了该数据集中变量的描述性统计和相关系数，该部分的初步结论与"二元—年"数据集相似，这证明了该数据集具有很好的效度，适合进行接下来的统计分析。

表4-8 "企业—年"数据集描述性统计

变量	N	平均数	标准差	最小值	1/4位数	3/4位数	最大值
Focal_dis	10684	0.13	0.33	0	0	0	1
Peer_disD	10684	1.09	1.43	0	0	2	12
Peer_disD_M	10684	0.69	1.06	0	0	1	9
Peer_disD_V	10684	0.40	0.77	0	0	1	10
Net_constraint	10684	0.41	0.29	0	0.22	0.50	1.39
Province_dis	10684	35.27	28.82	0	11	59	106
Industry_dis	10684	17.51	13.41	0	5	27	49
Market_dis	10684	548.19	188.74	57	473	686	720
Marketization	10585	7.36	1.71	-0.30	6.19	8.69	9.95
Duality	10536	1.76	0.43	1.00	2.00	2.00	2.00
Owner_con	10684	0.15	0.12	0.0005	0.05	0.21	0.80
State	10684	0.39	0.49	0	0	1	1
Leverage	10684	0.44	0.22	0.002	0.26	0.61	1.00
Sales growth	10461	0.09	0.25	-1.00	-0.02	0.22	1.00
Firm size	10684	21.51	1.04	14.94	20.80	22.13	26.71
ROA	10684	0.04	0.07	-1.00	0.01	0.07	1.30

本研究的假设2a和2b分别涉及自愿披露或被强制披露CSR报告的同伴企业数量对焦点企业后序采纳CSR披露概率的影响，假设2a"建立企业间连锁所董事会网络的扩散效应之上，如果自愿披露CSR报告的同伴企业数量上升，那么焦点企业更可能发生披露CSR行为。"假设2b"建立企业间连锁所董事会网络的扩散效应之上，如果被强制披露CSR报告的同伴企业数量上升，那么焦点企业发生披露CSR行为的概率不会有显著变化。"

另外，考虑到本研究在之前"二元—年"数据集里已经检验了同伴企业披露的从"0"到"1"的影响，所以在构建"企业—年"数据集时，本研究去掉了当年没有同伴企业披露的焦点企业观察值。表4-10的Model 9~12展示了对假设2a和2b的检验结果。Model 9显示，整体来看，披露CSR报告的同伴企业的数量会对焦点企业后序采纳CSR披露概率有着显著的正向影响（β=0.14，$p<0.001$），这为假设2a和2b的验证打下了基础，同时该结果也与本研究"二元—年"发现的整体效应（见表4-6，Model 1）一致，再次体现出本研究良好的信效度。

表4-9 "企业—年"数据集关键变量的相关系数表

变量	1	2	3	4	5
1. Focal_dis					
2. Peer_disD	0.13***				
3. Peer_disD_V	0.20***	0.56***			
4. Peer_disD_M	0.001	0.75***	−0.13***		
5. Net_constraint	−0.03*	−0.32***	−0.13***	−0.28***	

*** $p < 0.001$; ** $p < 0.01$, * $p<0.05$, † $p<0.1$。

采用与"二元一年"相似方式,本研究在 Model 10、11 中将同伴企业自愿披露和被强制披露 CSR 报告的扩散影响进行了拆分,结果显示自愿披露了 CSR 报告的同伴企业数量越多,焦点企业后序采纳 CSR 披露概率会显著上升(β=0.40,p<0.001),而被强制披露 CSR 报告的同伴企业数量越多,焦点企业后序采纳 CSR 披露概率则会显著下降(β=-0.08,p<0.05)。Model 12 则是将这两种同伴企业的扩散同时放入模型,较之于在 Model 10 和 Model 11 分别检验的结果,它们对于焦点企业后序采纳 CSR 披露概率的影响无显著变化。所以,本研究的假设 2a 和 2b 均得到支持。

表 4-10 "企业一年"数据集主效应结果

变量	Model 9	Model 10	Model 11	Model 12
Peer_disD	0.14***(0.02)			
Peer_disD_V		0.40***(0.03)		0.40***(0.03)
Peer_disD_M			-0.08*(0.03)	-0.05†(0.03)
Province_dis	0.01***(0.002)	0.01***(0.002)	0.01***(0.002)	0.01***(0.002)
Industry_dis	0.003(0.003)	0.002(0.003)	0.003(0.003)	0.002(0.003)
Market_dis	-0.001***(0.0004)	-0.001***(0.0004)	-0.001**(0.0004)	-0.001**(0.0004)
Marketization	-0.13***(0.03)	-0.13***(0.03)	-0.13***(0.03)	-0.12***(0.03)
Duality	0.08(0.09)	0.12(0.09)	0.13(0.09)	0.13(0.09)
Owner_con	0.14(0.26)	0.25(0.26)	0.20(0.26)	0.27(0.26)
State	-0.22***(0.08)	-0.17**(0.08)	-0.14†(0.08)	-0.16†(0.08)
Leverage	-0.35(0.22)	-0.46**(0.22)	-0.45**(0.22)	-0.48**(0.22)
Sales growth	-0.25†(0.15)	-0.26†(0.15)	-0.27†(0.15)	-0.26†(0.15)
Firm size	0.36***(0.04)	0.39***(0.04)	0.42***(0.04)	0.41***(0.04)

续表

变量	Model 9	Model 10	Model 11	Model 12
ROA	1.71**(0.70)	1.62**(0.71)	1.46**(0.71)	1.54**(0.71)
时间虚拟变量	已控制	已控制	已控制	已控制
观察值数量	5480	5480	5480	5480
对数似然函数值	−2242.92	−2182.51	−2261.90	−2180.91
AIC 值	4521.84	4401.02	4559.79	4399.82

*** $p < 0.001$；** $p < 0.01$，* $p<0.05$，† $p<0.1$ 括号中报告的数值是标准差。

4.4.4 "企业—年"数据集进一步分析

本部分是验证焦点企业的连锁董事会网络的闭合度对主效应的调节作用。选取该变量的原因首先是基于社会网研究的另一个经典话题：个体结构位置对个体行动的影响（罗家德，2010）。作为一个基于连锁董事会网络的研究，探讨焦点企业在自己所处的连锁董事会网络中位置对主效应的影响，不仅贴切本研究情境，更重要的是从企业与潜在利益相关者关系紧密程度方面丰富了对企业通过"同一动机"识别利益相关者，进而做出行为决策的理解。

网络闭合度可以被理解为一种网络的紧密程度，具体是指网络中的所有主体相互连接的程度（Centola，2010）。Burt（1987）认为网络闭合度对组织间的扩散过程有两个方面的影响——一方面可以促进相关信息、知识和经验在网络中的扩散，因为高闭合的网络意味着网络中主体之间有着紧密的社会关系（Proximity of Social Relations）；另一方面高闭合度的网络往往意味着主体之间具备强连接（Strong Tie），具备较高的信任，容易采纳来自其他主体的扩散。所以，相比"二元一年"数据中的交互效应聚焦于检验主体间差异对企业识别对方是否为利益相关者的影响（前端），"企业一年"数据中检验焦点企业的连锁董事会网络的闭合度的调节作用，更侧重于检验企业识别结果对后序采纳行为决策的影响（后端）。基于此，本研究认为焦点企业的连锁董事会网络的闭合度对主效应有着显著的正向调节作用，当焦点企业的连锁董事会网络的闭合度越高，同伴企业披露CSR报告对焦点企业后序采纳CSR披露的概率的正向影响越大，反之同伴企业披露CSR报告对焦点企业后序采纳CSR披露的概率的正向影响越小。

表4-11的Model 13~16展示了结果，与表4-7的Model 5~8的设置相似，Model 13~15显示了焦点企业所在连锁董事会网络的网络闭合度与同伴企业CSR披露数量的交互项对焦点企业后序采纳CSR披露概率的影响。Model 13的结果显示从整体上看，焦点企业所在连锁董事会网络的网络闭合度与同伴企业CSR披露数量的交互项对焦点企业后序采纳CSR的概率有显著的正向影响（β=0.62，p<0.001）。Model 14结果显示，焦点企业的网络闭合度与属于自愿披露CSR报告的同伴企业数量的交互项对焦点企业后序采纳CSR披露概率有显著的正向影响（β=0.59，p<0.001）。Model 15的结果表示，焦点企业的网络闭合度与被强制披露的同伴企业数量的交互项对焦点企业后序采纳CSR披露概率没有显著影响（β=-0.22，p>0.1）。Model 16则将两个交互效应一起放入模型，结果与之前分开检验的结果（Model 14、Model 15）无显著变化。

表 4-11 "企业一年"数据集交互效应结果

变量	Model 13	Model 14	Model 15	Model 16
Peer_disD	-0.00(0.04)			
Peer_disD_V		0.23***(0.06)		0.22***(0.07)
Peer_disD_M			-0.04(0.06)	-0.11†(0.05)
Net_constraint	-0.86***(0.30)	-0.39(0.24)	-0.10(0.23)	-0.69**(0.31)
Province_dis	0.01***(0.002)	0.01***(0.002)	0.01***(0.002)	0.01***(0.002)
Industry_dis	0.002(0.003)	0.002(0.003)	0.003(0.003)	0.002(0.003)
Market_dis	-0.001***(0.0004)	-0.001**(0.0004)	-0.001***(0.0004)	-0.001**(0.0004)
Marketization	-0.12***(0.03)	-0.12***(0.03)	-0.13***(0.03)	-0.12***(0.03)
Duality	0.09(0.09)	0.13(0.09)	0.13(0.09)	0.14(0.09)
Owner_con	0.11(0.26)	0.24(0.26)	0.21(0.26)	0.25(0.26)
State	-0.19**(0.08)	-0.16†(0.08)	-0.15†(0.08)	-0.14†(0.08)
Leverage	-0.39†(0.22)	-0.48**(0.22)	-0.46**(0.22)	-0.51**(0.22)
Sales growth	-0.24(0.15)	-0.27†(0.15)	-0.28†(0.15)	-0.28†(0.15)
Firm size	0.37***(0.04)	0.40***(0.04)	0.42***(0.04)	0.41***(0.04)
ROA	1.74**(0.71)	1.47**(0.71)	1.40**(0.71)	1.44**(0.71)
Peer_disD × Net_constraint	0.62***(0.13)			
Peer_disD_V × Net_constraint		0.59***(0.19)		0.61***(0.20)
Peer_disD_M × Net_constraint			-0.22(0.19)	0.28(0.18)
时间虚拟变量	已控制	已控制	已控制	已控制
观察值数量	5480	5480	5480	5480
对数似然函数值	-2230.32	-2177.09	-2259.90	-2175.08
AIC 值	4500.65	4394.19	4559.80	4394.15

*** $p<0.001$; ** $p<0.01$, * $p<0.05$, † $p<0.1$ 括号中报告的数值是标准差。

之后，本研究将自变量、交互变量进行标准化，对交互效应进行了简单斜率分析以展现不同程度下（高和低）的交互变量对主效应的影响，据此绘制了图 4-5~图 4-7。根据图 4-5，本研究发现，当焦点企业的连锁董事会网络闭合程度高时，披露了 CSR 报告的同伴企业数量对焦点企业后序采纳 CSR 披露概率的正向影响更加显著（$\hat{\beta}=0.07$，$p<0.001$），当焦点企业的连锁董事会网络闭合程度低时，披露了 CSR 报告的同伴企业数量对焦点企业后序采纳 CSR 披露概率的正向影响被削弱，但依然显著（$\hat{\beta}=0.02$，$p<0.001$）。

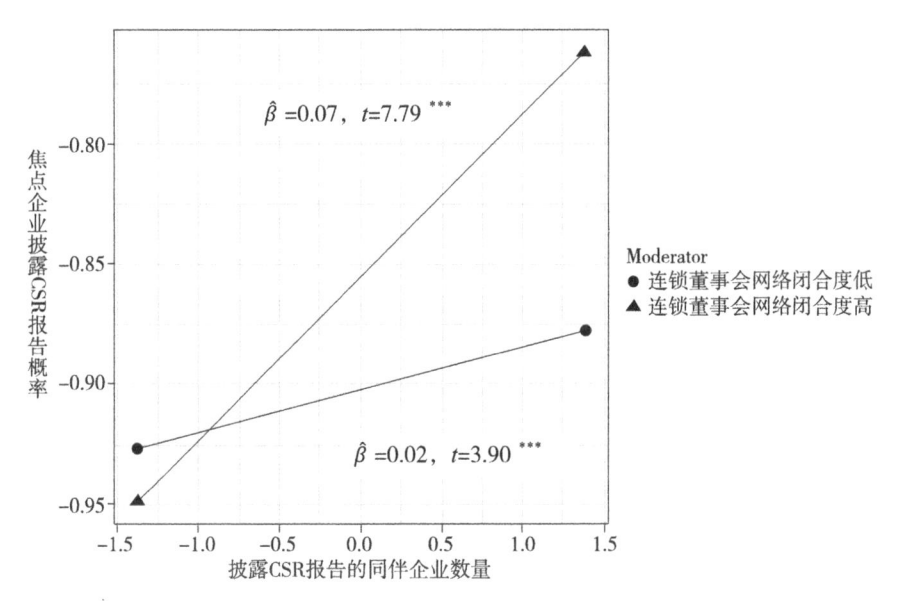

图 4-5 "企业一年"数据集交互效应：披露 CSR 报告的同伴企业数量对焦点企业后序采纳 CSR 披露概率的影响（Model 13）

将披露 CSR 报告的同伴企业数量的扩散效应拆分，根据图 4-6，焦点企业的连锁董事会网络闭合度对自愿披露 CSR 报告的同伴企业数量的扩散效应有着显著的调节作用，当闭合度高时，自愿披露CSR报告的同伴企业数量对焦点企业后序采纳CSR披露概率的正向影响会更加显著（$\hat{\beta}$=0.10，p<0.001）；当闭合度低时，自愿披露CSR报告的同伴企业数量对焦点企业后序采纳CSR披露概率的正向影响也依然显著（$\hat{\beta}$=0.06，p<0.001）。根据图4-7，当闭合度高时，被强制披露CSR报告的同伴企业数量对焦点企业后序采纳CSR披露概率的影响会变为显著负向（$\hat{\beta}$=-0.02，p<0.05），当闭合度低时，被强制披露CSR报告的同伴企业数量对焦点企业后序采纳CSR披露概率没有显著影响（$\hat{\beta}$=-0.009，p>0.1），这也解释了Model 15中交互项不显著的情况。上述结果进一步支持了假设2a和2b。

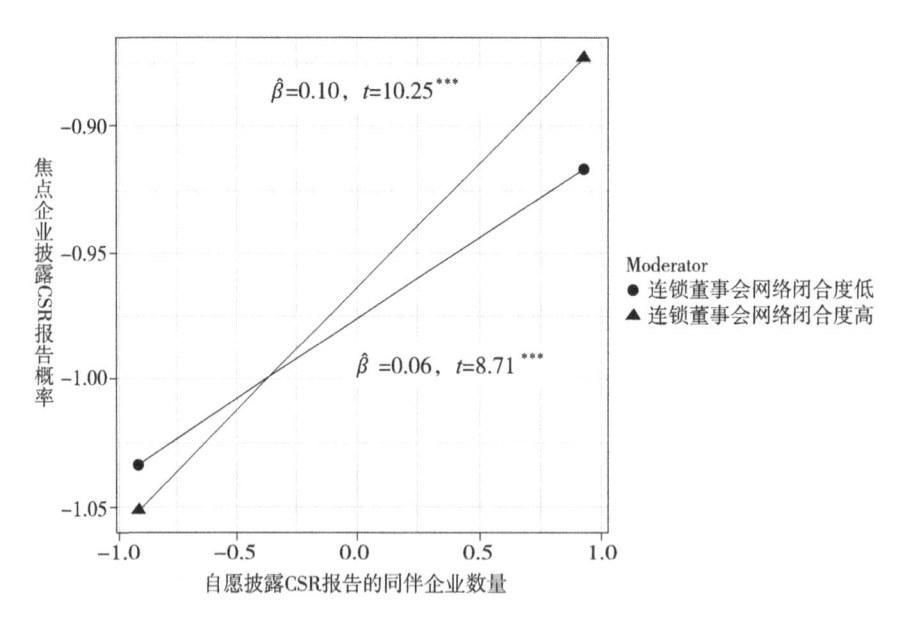

为了进一步说明披露CSR报告的同伴企业数量对焦点企业后序采纳

图 4-6 "企业一年"数据集交互效应：自愿披露 CSR 报告的同伴企业数量对焦点企业后序采纳 CSR 披露概率的影响（Model 14）

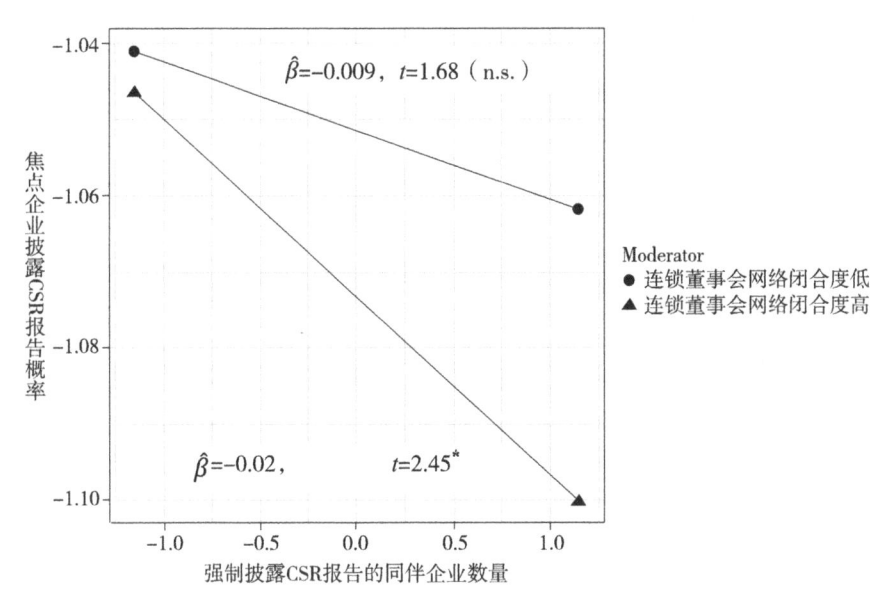

第 4 章 | 企业间不同动机披露 CSR 报告对后序企业披露的影响

图 4-7 "企业一年"数据集交互效应：强制披露 CSR 报告的同伴企业数量对焦点企业后序采纳 CSR 披露概率的影响（Model 15）

CSR 披露概率的影响，本研究基于表 4-10 中 Model 9~11 的数据和回归结果，对披露 CSR 报告的同伴企业数量和焦点企业后序采纳 CSR 披露概率之间的关系进行了拟合和预测[①]，形成了图 4-8。可以看出，自愿披露 CSR 报告的同伴企业数量增加对焦点企业后序采纳 CSR 披露概率的提升作用最为显著，整体同伴企业数量的作用则次之，而被强制披露的同伴企业数量增加对焦点企业后序采纳 CSR 披露概率的提升作用不明显。预测结果也与之前实证结果一致。

---

① R 代码：geom_smooth（method=loess）。

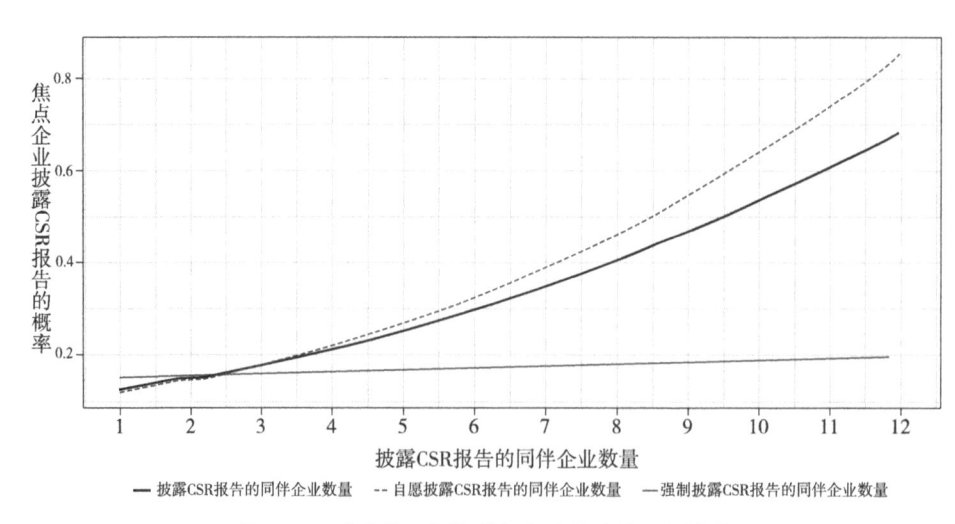

图 4-8 "企业—年"数据集主效应的预测曲线

4.4.5 稳定性检验

本研究还对上述结果进行稳定性检验以克服内生性问题。

第一，本研究采用GLM模型（Cameron, Gelbach and Miller, 2008）对数据以企业为单位进行打包，对每一对打包的关系进行 P 值估计，结果与之前的实证结果保持一致，除了由被强制披露CSR报告的同伴企业所产生的扩散影响不再显著。

第二，本研究估计了GLM模型的固定效应（Broström and Holmberg, 2011）。在此只用了"企业—年"样本进行检验，因为"二元—年"样本中的自变量是虚拟变量，不具备随时间发生的变异。该检验所有结果与之前实证结果保持一致，这进一步支撑了同伴企业披露CSR报告行为对焦点企业影响的因果关系。

第三，本研究采用了Cox模型（比例风险回归）对随时间变化变量进行了检验，估计结果与之前采用离散时间的事件历史模型估计的结果一致。

第四，为了进行连续的Cox回归，本研究一方面为每个公司用固定的量度替换了时变因变量；另一方面本研究使用从2007年到焦点企业披露企业社会责任报告第一年的时间。由于本研究的观察时段始于2008年，并且有很多公司在2008年披露了CSR报告，因此本研究手动将起点设置为2007年。终点将是焦点企业首次披露其CSR报告的年份或观察值的结束年份（2016年）。尽管此检验牺牲了一些信息量，但它有助于排除潜在的反向因果关系，即同伴企业的CSR报告披露有可能由焦点企业CSR披露扩散效应引发的。结果与之前检验结果一致。除被强制同伴企业披露数量对焦点企业后序采纳CSR披露的影响系数变成为显著正向以外（β=0.20，$p<0.05$），其他情况下的同伴企业披露数量与焦点企业首次讨论的持续时间之间的关系保持不变。

4.5 本章小结

本研究实证检验了第3章提出的理论命题1，即"识别是企业进行利益相关者管理的基础，企业对利益相关者的识别体现为同一目标下企业与利益相关者的动机是否一致。动机一致的情况下，企业则识别对方为利益相关者，企业后序才可能响应其影响做出相应的CSR行为。"本研究选取了企业间CSR披露行为沿着企业间连锁董事会扩散的实证情境，检验了焦点企业通过披露CSR报告所获取的合法性动机识别网络中的同伴企业是否为披露CSR报告这一行为的利益相关者，以及识别结果对焦点企业随后采纳CSR披露概率的影响。

研究发现验证了理论命题1中关于企业通过追求目标的动机来识别对方是否为利益相关者的论述。本研究发现企业可以通过对方是否以同一动机追求同一目标识别利益相关者,若动机相同(同为自愿披露CSR报告),企业则将其识别为该情境下的利益相关者,若动机不同(被强制披露和自愿披露CSR报告),企业则将其识别为该情境下的非利益相关者。根据识别结果,企业更可能采纳来自利益相关者的扩散影响,其后续披露CSR报告的概率会显著提升,而面对来自非利益相关者的扩散,企业更可能选择忽略,其后续披露CSR报告的概率没有显著变化。

具体来说,本研究从焦点企业采纳CSR披露概率和同伴企业是否披露CSR报告的二元关系(即"二元—年"数据集)以及焦点企业采纳CSR披露概率和同伴企业披露CSR报告数量的集体关系(即"企业—年"数据集)中都验证了:

(1)已有研究基本达成共识的关于处于同一连锁董事会网络的企业间互为利益相关者。本研究发现从整体上看,焦点企业的披露CSR报告的概率受到同伴企业CSR披露行为及行为数量的正向显著影响。这个发现不仅符合Freeman(1984)对企业利益相关者的定义,同时也符合已有理论研究的结论,如Shropshire(2010)提出连锁董事会网络中的企业间可能发生行为扩散等相互影响的现象。

(2)企业可能通过对同一目标的动机是否相同来识别其他企业是否为自己在该情境下的利益相关者,之后基于识别结果做出利益相关者管理行为的决策。本研究发现,以同一动机(即自愿动机)披露CSR报告的同伴企业将被焦点企业识别为该情境下的利益相关者，其披露CSR报告行为的扩散效应将更可能被焦点企业所采纳，表现为显著提升焦点企业随后披露CSR报告的概率。具有不同动机（即强制动机）的同伴企业将被识别为非利益相关者，其披露CSR报告行为的扩散效应将更小可能被焦点企业所采纳，表现为对焦点企业随后披露CSR报告概率没有显著影响，甚至本研究还发现同伴企业被强制披露CSR报告数量越多，焦点企业后序采纳CSR披露的概率会显著下降。这个发现丰富了DiMaggio和Powell（1983）提出的强制（coercive）和自愿（voluntary）两种组织追求合法性动机对企业（间）行为的不同影响。本研究认为以被强制披露CSR报告的同伴企业不会被自愿披露CSR报告的焦点企业视为利益相关者的原因：一是被强制披露的企业直接服从于国家权威，其采纳流程和内在激励和自愿披露的企业不一样，其相关的信息、知识和经验对自愿披露企业的采纳决策参考价值较小；二是由于动机的来源不同，被强制披露企业的行为并不能为自愿企业所在的组织域提供CSR披露的合法性积累。

相比于已有相似的关于组织强制动机影响某实践沿组织间连锁董事会扩散的研究，例如Krause, Wu和Bruton（2019），本研究的设计和发现均有独特性，主要体现：一是Krause, Wu和Bruton（2019）探讨的是组织的强制动机如何让原本不同的两个组织域（非营利组织和企业）之间通过连锁董事产生影响，而本研究探讨的是组织的强制动机如何让同一组织域分隔为两个不同的组织域（强制披露和自愿披露）；二是Krause, Wu和Bruton（2019）仅单纯检验了一种在非营利组织行业中流行的"类强制"的组织政策对有着连锁董事的企业的扩散，并无类似本研究的明确的强制动机和自愿动机的区隔以及对比不同动机对企业后序采纳概率的影响差异，所以理论上说，Krause, Wu 和 Bruton（2019）的研究情境一定程度上依然遵循 Shropshire（2010）的理论，即处于同一连锁董事会网络的组织互为利益相关者，而本研究的发现是在 Shropshire（2010）观点基础上进行了修正，提出了连锁董事会情境下企业会通过动机是否相同来识别其他企业是否为自己的利益相关者，进而做出是否采纳扩散的判断。

（3）本研究的发现还进一步丰富了企业识别利益相关者结果和识别结果对企业后序采纳概率的影响因素。基于实证情境，本研究选择了社会网研究中的两个经典特征——网络主体的同质性和个体网络闭合度——对网络中主体行为的影响。结果显示，主体之间的相似会显著地影响企业识别利益相关者的结果，企业倾向于将所处省域市场化程度相似度较高的企业识别为该情境下的利益相关者，反之降低了识别为利益相关者的概率。而企业的连锁董事会网络的闭合度会强化企业根据识别结果做出行为决策的概率，即拥有高闭合度网络的企业更可能受到识别结果的影响，其做出行为决策概率会相对显著，反之企业做出行为决策的概率更可能不显著。

第 5 章

企业成立专职CSR部门对企业社会绩效的影响

5.1 研究小引

企业如何提升自身的社会绩效？随着资本市场和社会制度的不断完善，这个问题显得更加重要。正如企业需要以良好财务绩效来展现它为企业股东创造的价值，不断提升的企业社会绩效显示了企业为社会及其中的利益相关者所履行的责任。Wood（1991）认为企业社会绩效由企业社会责任原则、对社会事务的响应以及相关政策、计划和可见的结果所构成。Clarkson（1995）提出企业社会绩效本质上是对企业从事利益相关者议题工作及其最终成果的衡量。所以，本研究认为企业社会绩效是企业吸纳利益相关者参与企业生产经营活动，通过双方的互动进而产生的结果。已有研究也认为，企业吸纳利益相关者参与的目标是实现企业社会价值的提升，两者的互动包括争取相关支持、管理以及平衡双方利益等多个方面（Laplume, Sonpar and Litz, 2008; Greenwood, 2007）。

近年来，设立专职的CSR部门成为企业吸纳利益相关者参与企业日常经营活动的一种标志性的管理实践——责扬天下《金蜜蜂中国CSR指数报告》调查发现，2014年以来设立CSR部门的企业数量在不断增长；2021年4月，腾讯宣布将原有的职能部门进行整合，设立可持续社会价值事业部，该部门致力于"牵

第 5 章 | 企业成立专职 CSR 部门对企业社会绩效的影响

引所有核心业务，全面落实科技向善使命"。上述现象都显示了设立专职CSR部门逐渐成为企业吸纳利益相关者参与企业日常经营活动的重要途径。本研究认为企业设立专职CSR部门意味着企业层面的吸纳利益相关者参与的组织流程的建立。进一步，正如本书在第3.1.1节和3.1.2节中所提出的，在企业履行社会责任的动机相对复杂的情况下，CSR部门作为企业内专门从事利益相关者管理工作的组织流程，验证其是否能够持续提升企业社会绩效有着重要意义。

根据Reskin（2003）的观点，专职的组织流程属于组织中一种可见的分配机制（Allocation Mechanism），其作用是配置组织中的稀缺资源和机会。她认为针对分配机制的研究一方面可以将组织内部对应存在的分层（Stratification）现实或结果纳入考虑，包括工作的绩效评估、决策涉及的权责方；另一方面，这种分配机制的可见性也为结论的可操作性（Manipulation）提供了优势。相比于对组织中分配者，如企业高管的动机研究（Allocators' Motive-based Model），该视角将动机归因于全体组织成员，忽略了组织内部分层的现实，与此同时，动机的不可预见性还造成了无法对结论进行有针对性的操作。所以，对企业结果的研究来说，从组织分配机制出发所得出的结论会比从组织动机出发的结论更具有解释力，同时因为其更强的可操作性，对理论和社会政策的启示也相对较大。联系到本书第2.3节中关于企业利益相关者管理对企业社会绩效影响的研究综述，本研究进一步提出这些研究在很大程度上将企业视作一个利益相关者管理"黑箱"，更多的是用企业动机来解释企业为什么要提升社会绩效（why），但并未回答企业如何通过利益相关者管理来提升社会绩效（how）。

所以，本研究探索企业成立专职 CSR 部门对企业社会绩效的影响正是打开企业吸纳利益相关者参与"黑箱"的关键一步：已有的文献尚未精确定义 CSR 部门，根据 Van Maanen 和 Barley（1984）对于企业中职业（Occupation）的定义，即享有某种相同任务、工作流程、岗位培训、同事关系以及职业生涯模式和象征，本研究提出 CSR 部门是在企业中负责计划、组织、控制和协调 CSR 相关工作的专职部门，具有独立的部门层级和命令链，在企业中会以部门、委员会、工作组等形式出现，多以"社会责任""可持续发展"等名字命名[①]。Howard-Grenville, Nelson, Earle, et al.（2017）认为，一个新部门的建立意味着相关工作知识和技能的逐渐成熟以及其作为应对问题的手段在公司日常运营中的不断使用和完善。所以，企业设立 CSR 部门可以被视作利益相关者管理相关工作在组织层面的确立，从部门职能、工作内容、领导层级等方面展现了企业吸纳利益相关者参与的组织流程"黑箱"。

本研究发现，企业设立 CSR 部门有助于企业社会绩效——企业的 CSR 信息披露质量和企业 ESG 分数——的提升。本研究进一步验证了已有研究认为对企业利益相关者管理和企业社会绩效均有影响的两种企业特征——企业财务特征和治理特征。基于企业内、外部利益相关者的不同立场（Clarkson, 1995）和 CSR 部门吸纳它们参与对应产生的不同作用，本研究验证了企业财务绩效的变化对

---

① 本书中所指的 CSR 领导部门均为专职部门，并且当下业界对该部门的名称尚未有统一规定，所以，本研究样本中包含了 CSR 工作委员会、可持续发展委员会、社会责任小组、社会责任部门等多种名称。在编码过程中，本研究发现，该命名规则有两个线索，首先与公司上市地点有关系，若该公司同时在香港或海外上市，则 CSR 部门更可能以"可持续发展"等相关名词命名，而仅在 A 股上市的公司多被冠以"社会责任"等；其次还可能与 CSR 部门的直接领导层级有关，高管领导下的 CSR 部门多以"委员会"等形式命名，而以"小组"或"部门"命名的 CSR 部门多归于中层领导管理。但是上述背景均不影响本研究的变量性质和实证结果。

CSR 部门对企业 CSR 信息披露治理有显著影响、不同的企业治理特征对 CSR 部门对企业 ESG 分数有显著影响。本研究还检验了由 CSR 部门直接领导的层级造成的影响差异——相比于中层经理领导下的 CSR 部门，高管直接领导的 CSR 部门，即使是在不同的财务和治理情况的企业之中，对企业社会绩效的提升作用也更加稳定，该发现深入挖掘了 CSR 情境下结构化治理（Structural Governance）和经理自主权（Managerial Discretion）的动态协同作用（Sandhu and Kulik, 2019）。

综上，相比于以往研究将企业管理利益相关者抽象为组织的某种"信号"行为或动机，本研究关于企业成立专职 CSR 部门对企业社会绩效影响的探索，一方面有利于厘清企业利益相关者管理活动在组织中对应的流程和产生的作用，从组织角度打开了企业利益相关者管理"黑箱"，发现了企业利益相关者管理是企业社会绩效的重要前因（Surroca, Tribó and Waddock, 2010）；另一方面，通过检验 CSR 部门直接领导层级、企业财务特征和治理特征对主效应的影响，本研究对领域中经典的"CSP-CFP"关系提供了一种组织角度的解释。

5.2 研究假设

首先，本研究提出企业设立 CSR 部门本质上是企业内部的一个岗位变革过程。Wright, Zammuto 和 Liesch（2017）认为，一个新岗位/部门的产生将会塑造组织成员的想法、行为以及价值观，并与其他部门产生相互渗透，最终形成新的工作方法和思路，进一步，岗位社区（Occupation Community）的形成会将该部门的工作特征和流程制度化，赋予成员在组织中工作意义和身份激励（Leavitt, Reynolds and Barnes et al., 2012）。

从变革目标来讲，高质量的CSR信息披露既受到资本市场的制度鼓励，也是企业各利益相关者的诉求。本研究认为成立CSR部门会促进企业内部形成完善的利益相关者管理体系，进而实现这一变革目标。具体来说，成立CSR部门以后，企业中会设立相关的岗位并形成对应的权责分工和命令链，这使得利益相关者管理工作逐渐制度化，即有明确的工作规划、流程和决策机制。这种制度化管理会有效地保证CSR部门工作的开展，尤其是高质量的CSR信息披露——作为CSR报告的编写方，CSR部门掌握了企业利益相关者工作的信息和资料，这保证了报告披露信息的完整性和丰富性；同时，明确的工作流程和决策机制可以保证CSR报告在不同层级和部门之间，例如企业决策层、业务部门以及第三方咨询和鉴定机构等，审核、反馈和完善，进一步提升了报告披露信息的质量。

从变革动机上讲，根据Basu和Palazzo（2008）和Flammer和Luo（2015）的观点，设立CSR部门会在企业内部引发意义构建（sensemaking）过程，意味着企业对致力于CSR有着良好的预期和动机。对此，沈洪涛、黄珍和郭肪汝（2014）和闫海洲和陈百助（2017）通过实证研究发现，当企业有信心在未来更好地致力于利益相关者管理工作（例如，环境保护、碳排放等）时，它们会有更强的动机高质量地披露相关信息，也就是说，设立了CSR部门意味着企业具有较好的CSR组织能力或潜力，它们不仅在CSR实践中有着丰富的积累以充实报告内容，更具有将此对外披露的强烈动机。

所以，本研究提出：

假设 1：相比于尚未设立 CSR 部门的企业，设立了 CSR 部门的企业其 CSR 信息披露质量会更高。

本研究提出企业设立 CSR 部门还意味着通过利益相关者管理工作在企业中的职业化对企业的环境、社会责任和公司治理等方面的综合性社会绩效评价，即 ESG 分数产生影响的过程。相比于岗位变革，组织中的职业化过程不仅是新职位或职能的设立，更是一种综合性的变革，涉及专业知识和技能、工作制度和系统、战略和文化等多个方面和员工、中层和高管等多个层级以及它们之间的互动（Adler and Kwon, 2013）。还有研究提出，组织的职业化过程意味着原有专业知识和职业壁垒的打破，会对其他非专业人士产生扩散作用（Ranganathan, 2013）。所以，本研究认为企业设立 CSR 部门所引起的职业化过程会实现利益相关者管理的专业知识、管理理念以及工作方法等在企业中的扩散，进而促进他们在战略和业务中实现利益相关者导向的变革和融合（Suddaby and Viale, 2011），例如，环境友好型的技术革新（E）、人文关怀导向的产品开发（S）、可持续发展的战略导向（G）等，进而实现企业 ESG 分数的提升。

界面管理（Interface Management）视角则可以进一步解释职业化背景下 CSR 部门与其他组织和环境要素的互动对企业 ESG 分数的影响。Gupta, Raj, Wilemon（1986）提出，组织中对某部门职能的正式化（Formalization）有助于部门间相关计划和产出的确定以及效率的提升。Souder 和 Moenaert（1992）则认为企业设立新部门有助于职能和角色的明确和协同，通过减轻环境不确定性促进企业绩效的提升。CSR 部门的成立还意味着企业为外部利益相关者参与日常运营提供了稳定渠道，即以 CSR 部门为纽带，企业与其他利益相关者会通过形成社会合作伙伴关系（Social Partnerships）等方式，致力于联合解决社会问题（Selsky and Parker, 2016），还有研究认为，企业中明确的利益相关者管理权责划分（如，设立专职的CSR部门）可以有效地缓解利益相关者之间冲突（Jo and Harjoto, 2011），有助于企业利益相关者工作的落地，实现企业ESG分数的提升。

对照Nason, Bacq和Gras（2018）提出的组织社会绩效的行为框架，本章认为企业设立CSR部门对于企业社会绩效的影响属于"效率模式"和"合法性模式"的结合，即一方面企业成立CSR部门带来的职业化可以强化企业内部不同层级和部门就利益相关者议题的互动（例如专业知识扩散、公司政策制定等），通过吸纳企业内部利益相关者参与，进而动员企业不同资源（例如资金、技术、管理等）强化公司战略中的利益相关者导向和业务中的落实；另一方面，CSR部门还是外部利益相关者参与企业日常经营活动的正式渠道，承担着吸纳外部利益相关者参与公司日常经营的职能，是企业实现透明公司治理的重要体现。设立CSR部门所带来的上述影响均有助于企业ESG分数的提升。

所以，本研究提出：

假设2：相比于尚未设立CSR部门的企业，设立了CSR部门的企业ESG分数会更高。

5.3 研究设计

5.3.1 样本选取和数据来源

本研究选取了2012—2017年A股上市公司作为研究样本。之所以选择该时间段，与本研究的设计和数据来源有关。本研究的关键变量"企业是否设立 CSR 部门"的统计年份以 2008 年起始；参考以往研究（权小锋、吴世农和尹洪英，2015），A 股上市公司常态化的社会责任实践以 2009 年为始，例如，发布社会责任报告，设立社会责任管理体系等；进一步，在样本筛选和数据清理过程中，第一阶段去除了主效应和工具变量相关的缺失值；第二阶段去除了分组变量相关的缺失值，还有时间序列过短的公司。经过上述流程之后，再排除其他相关的政策、制度变化等外生环境因素的影响，本研究认为 2012—2017 年是恰当的研究时间段。本研究的数据源于中国研究数据服务平台（CNRDS）、Bloomberg（彭博）、润灵环球责任评级（RKS）、国泰安等多个国内外数据库，它们也被领域内研究者所广泛采用，本研究最终样本涉及 529 家上市公司的 2182 个观察值[①]。

5.3.2 变量设计和说明

本研究关键变量"企业是否成立 CSR 部门"的数据来自 CNRDS 的社会责任数据库，该数据库包括了 2006 年以来沪深证券市场披露过社会责任报告的所有上市公司数据，该变量表示为"1 = 已成立 CSR 领导部门，0 = 并未成立 CSR 领导部门"。为保证研究效度，本研究还对已成立 CSR 领导部门的上市公司 CSR 报告进行手工编码，进一步挖掘 CSR 部门的特征属性，着重提取 CSR 部门的名称、职能范围和领导层级等信息。具体方法：选取该变量值为 1 的样本，通过证监

---

① 此处的样本数量是本研究在主效应检验所采用的。在之后的第 5.3.2 节会进一步分析部分，由于个别变量的还有缺失值，在对含有该变量的数据集进行分析时，样本清理导致样本数量还有一定的变化。总之，本研究在每一步所采用的样本处理均本着保证结果精确性的基础上尽量保留信息量。

会的巨潮资讯网和商道纵横的关键定量指标数据库查询该上市公司当年的CSR报告，手工提取年报中对涉及CSR部门上述特征的描述字段并进行编码。

第一，本研究梳理和总结了CSR报告中对于CSR部门职能描述。排除行业和主营业务等特征差异后，本研究将公司间CSR部门的共同职能概括为两个方面：负责CSR内部管理，涉及本部门的制度建设和工作开展，例如设立CSR工作制度、编制CSR报告等；协同CSR相关战略，涉及与其他部门和公司高层的工作、战略协同，例如，内外部利益相关者沟通、可持续发展导向的技术和运营理念采用等。为了佐证上述观点，本研究回顾了在某次研究中对于某A股上市公司的社会责任总监的访谈资料，其中该总监明确提到了该企业CSR部门的职能："不断推进公司的社会责任管理和与各利益相关者的参与是我们的职能所在，包括举办各项公益慈善活动和协助改进公司管理和治理办法，例如增加对员工的福利和关怀……每年编写公司的社会责任报告也是我们部门工作的重中之重……除了将报告送给公司高层审议以外，每年我们还会组织高层开会制定与社会责任和可持续发展相关的公司战略。"至此，本研究确认CSR部门负责领导、管理和协同企业中各级各部门的CSR相关工作和事务，CSR部门的职能和属性与企业的CSR信息披露质量和ESG分数均有直接关系。上述证据均表明本研究的设计具有良好的研究效度。

第二，本研究对CSR部门的直接领导信息进行了编码[①]，将其分为高层

[①] 编码工作由两位长期从事企业社会责任、公司治理领域的研究人员（其中一位为作者本人）以及一位管理学领域研究人员分别进行独立编码，完成后进行相互比对，并修订不一致之处，最终达成一致。另外还需要提及的是，CSR报告并未明确描述CSR部门直接领导层次的情况，统一归属为"中层经理"范畴。

领导和中层经理两类（1= CSR 部门领导为高管，2=CSR 部门领导为中层经理，0= 尚未成立 CSR 部门，见表 5-1。在数据处理过程中，本研究根据领导层级的不同（高层 / 中层），将该类别变量转化为两个虚拟变量再投入模型计算。通过编码，本研究发现在 2182 个样本中，有 388 个样本设立了 CSR 部门，其中有 336 个 CSR 部门由高管直接领导，52 个 CSR 部门的领导是中层经理 [以下分别简称 CSR 部门（高）和 CSR 部门（中）]。

表 5-1 CSR 部门层级编码

变量	编码	对应典型字段	样本（个）
CSR 部门领导为高管	1	"总经理负责的 CSR 工作委员会" "董事长负责的社会责任管理委员会" "总经理负责的集团社会工作负责组" "高管负责的可持续发展委员会" "总经理负责的社会责任工作体系"	336
CSR 部门领导为中层经理	2	"集团品牌管理中心下属 CSR 团队" "市场部下属社会责任工作小组" "行政管理部下属社会责任部门"	52
尚未成立 CSR 部门	0	—	1794

表 5-2 定义和说明了本研究的所有变量。关于因变量，参考已有的企业社会绩效研究（Ruf, Muralidhar, Paul, 1998; Cheng, Ioannou, Serafeim, 2014），本研究采用 RKS 数据库中企业 CSR 信息披露质量的评分（RKS）和 Bloomberg 数据库中企业的 ESG 分数（ESG）共同作为企业社会绩效的测量指标。其中 RKS 评分是基于企业 CSR 报告的内容分析，对各部分进行评价、计算和汇总得分，涉及报告的整体性、内容性、技术性和行业性等多个方面。

表 5-2 变量定义和说明

变量	名称	符号	定义	来源
因变量	企业社会绩效企业 CSR 信息披露质量	RKS	企业 CSR 报告内容质量评分	RKS 数据库
因变量	企业 ESG 分数	ESG	企业 ESG 相关行为的社会价值评价得分	Bloomberg 数据库 ESG 分析板块
自变量	企业是否成立 CSR 部门	CSR_D_ALL	企业 CSR 部门成立情况（二元变量，1= 成立，0= 尚未成立）	CNRDS 社会责任数据库
自变量	企业 CSR 部门由企业高管担任部门领导	CSR_D_HIGH	剥离 CSR_D_ALL 中变量为 1 的子样本，编码子样本企业的社会责任报告，获取 CSR 部门的直接领导层级信息（二元变量，1 = 高管担任 CSR 部门领导，0 = 其他）	作者编码（见表 5-1）
自变量	企业 CSR 部门由企业中层担任部门领导	CSR_D_MID	剥离 CSR_D_ALL 中变量为 1 的子样本，编码子样本企业的社会责任报告，获取 CSR 部门的直接领导层级信息（二元变量，1 = 中层担任 CSR 部门领导，0 = 其他）	作者编码（见表 5-1）
工具变量	同省域中 CSR 部门成立情况	CSR_P_RATIO	以省为单位，计算成立 CSR 部门的企业数量在样本中地区企业数量占比	作者计算
分组变量	企业净资产收益率	ROE	税后利润 / 所有者权益	CSMAR
分组变量	企业股票价格波动率	SPV	年度股票回报方差，参考辛清泉等（2014）和 Rajgopal 和 Venkatachalam（2011）的计算方法。	作者计算
分组变量	企业董事会规模	BS	企业董事会人数	CSMAR
分组变量	企业受关注程度	ATT	企业名称或上市公司代码在百度中被搜索的次数	CNRDS 新闻舆情数据库
控制变量	企业市值	MARKETV	企业股票总市值	CSMAR
控制变量	企业规模	TA	企业总资产	CSMAR

续表

变量	名称	符号	定义	来源
控制变量	财务杠杆	DAR	企业负债率	CSMAR
	企业高管两职合一	CEO_DUALITY	企业CEO和董事长是否两职合一（二元变量，1=是，0=否）	CSMAR
	企业属性	STATE	企业是否属于国企（二元变量，1=是，0=否）	CSMAR

企业是否设立CSR部门并非完全取决于外生因素。为了进一步控制内生性，本书引入了工具变量以进一步验证主效应。本研究计算了"省域环境中CSR部门成立情况"（CSR_P_RATIO）作为工具变量，该变量理论上与样本个体企业是否成立CSR部门有关，但与样本个体的企业社会绩效无关，符合工具变量的特征。

本研究还从企业的财务状况和治理特征进一步验证了企业成立CSR部门对企业社会绩效作用的潜在影响因素。本研究选取了企业净资产利润率（ROE）和企业股票价格波动（SPV）这两个资产收益相关指标——表征企业的财务状况——作为CSR部门对CSR信息披露质量作用的潜在影响因素；还选取了企业董事会规模（BS）和企业受关注程度（ATT）——表征企业治理特征——作为CSR部门对企业ESG分数作用的潜在影响因素。

另外，参考以往相关研究（Luo, Wang and Zhang., 2017；沈洪涛、黄珍、郭肪汝，2014；郑琴琴、陆亚东，2018），本研究还控制了企业属性、高管团队特征和财务杠杆等多个方面的变量。

5.3.3 实证模型设计

根据研究目标，本研究着重于探索企业间的差异，所以计划采用随机效应模型（random effect model）对假设进行检验。首先本研究构建了模型5.1和模型5.3以检验主效应。之后本研究将自变量（CSR_D_ALL）拆分为两个变量（CSR_D_HIGH 和 CSR_D_MID），构建模型5.2和模型5.4以细分主效应的影响。本研究还将采用两阶段最小二乘法回归（two stage least square, 2SLS）检验工具变量的效应以降低内生性。

$$RKS_{it}=\beta_0+\beta_1 CSR\_D\_ALL_{it}+\beta_2 MARKETV_{it}+\beta_3 TA_{it}+\beta_4 DAR_{it}+\beta_5 CEO\_DUALITY_{it}+\beta_6 STATE_{it} \tag{5.1}$$

$$RKS_{it}=\beta_0+\beta_1(CSR\_D\_HIGH_{it}+CSR\_D\_MID_{it})+\beta_2 MARKETV_{it}+\beta_3 TA_{it}+\beta_4 DAR_{it}+\beta_5 CEO\_DUALITY_{it}+\beta_6 STATE_{it} \tag{5.2}$$

$$ESG_{it}=\beta_0+\beta_1 CSR\_D\_ALL_{it}+\beta_2 MARKETV_{it}+\beta_3 TA_{it}+\beta_4 DAR_{it}+\beta_5 CEO\_DUALITY_{it}+\beta_6 STATE_{it} \tag{5.3}$$

$$ESG_{it}=\beta_0+\beta_1(CSR\_D\_HIGH_{it}+CSR\_D\_MID_{it})+\beta_2 MARKETV_{it}+\beta_3 TA_{it}+\beta_4 DAR_{it}+\beta_5 CEO\_DUALITY_{it}+\beta_6 STATE_{it} \tag{5.4}$$

在第5.3.2节中，本研究旨在验证已有理论提出的相关因素对主效应的调节影响，本研究将结合采取分组回归和两样本t检验，探索不同分组变量的情境下主效应的变化。在实证部分开始之前，为了避免样本异常值和统计口径的潜在影响，本研究对部分变量进行了自然对数变换。表5-3报告了数据集所有变量的描述性统计结果，表5-4报告了数据集关键变量的相关关系结果。

表 5-3 数据集所有变量描述性统计

变量	N	平均数	标准差	最小值	1/4 位数	3/4 位数	最大值
ESG	2182	21.81	5.99	7.44	19.01	23.97	50
RKS	2182	42.73	13.20	18.48	33.20	49.89	89.30
CSR_D_ALL	2182	0.18	0.38	0	0	0	1
CSR_D_HIGH	2182	0.15	0.36	0	0	0	1
CSR_D_MID	2182	0.02	0.15	0	0	0	1
CSR_P_RATIO	2182	0.17	0.12	0	0.07	0.28571	0.43
ROE	2182	0.004	0.38	-17.46	0.004	0.03	0.72
SPV	2182	0.52	0.16	0.21	1.584	1.778	0.73
BS	1543	9.58	2.34	5	9.00	11.00	20
ATT	1545	13.41	0.78	11.49	395854	1002540	17.20
TA	2182	23.54	1.20	20.99	22.70	24.33	28.32
DAR	2182	0.20	0.16	0	0.06	0.32	0.74
CEO_DUALITY	2182	0.10	0.31	0	0	0	1
STATE	2182	0.74	0.44	0	0	0	1

表 5-4 数据集关键变量相关系数

变量	1	2	3	4	5	6	7	8
1. ESG								
2. RKS	0.67***							
3. CSR_D_ALL	0.46***	0.62***						
4. CSR_D_HIGH	0.41***	0.57***	0.91***					
5. CSR_D_MID	0.17***	0.20***	0.34***	-0.07**				
6. ROE	-0.003	0.02	0.01	0.01	0.0001			

续表

变量	1	2	3	4	5	6	7	8
7. SPV	-0.11***	-0.13***	-0.10***	-0.07***	-0.07**	-0.01		
8. BS	0.17***	0.30***	0.15***	0.15***	0.07**	0.02	-0.14***	
9. ATT	0.34***	0.38***	0.27***	0.27***	0.03	0.05†	0.28***	0.18***

*** $p < 0.001$; ** $p < 0.01$, * $p<0.05$, † $p<0.1$。

5.4 实证结果

5.4.1 主效应结果

表5-5提供了本研究的主效应的实证结果,即企业成立CSR部门对企业社会绩效的影响。Model 1、2采用随机效应模型分别检验了企业是否成立CSR部门对其CSR信息披露质量和ESG分数的影响。具体而言,企业成立CSR部门对企业的RKS评分($\hat{\beta}$=17.22, $p<0.001$)和ESG分数($\hat{\beta}$=5.05, $p<0.001$)均有显著正向影响。在Model 3、4中,本研究根据CSR部门的直接领导层级,将Model 1、2中的自变量拆分为两个新变量(CSR_D_HIGH和CSR_D_MID)后,再次对主效应进行固定效应模型检验。结果显示,CSR部门(高)和(中)均对RKS评分有显著正向影响($\hat{\beta}$=17.04, $p<0.001$; $\hat{\beta}$=18.95, $p<0.001$),CSR部门(高)和(中)均对ESG分数有显著正向影响($\hat{\beta}$=4.98, $p<0.001$; $\hat{\beta}$=5.76, $p<0.001$)。

表 5-5 主效应：企业成立专职 CSR 部门对企业社会绩效的影响

变量	Model 1RKS	Model 2ESG	Model 3RKS	Model 4ESG
Constant	−57.89†（32.952）	−28.16†（15.948）	−57.37†（32.982）	−27.94†（15.965）
CSR_D_ALL	17.22***（1.100）	5.05***（0.532）		
CSR_D_HIGH			17.04***（1.135）	4.98***（0.550）
CSR_D_MID			18.95***（2.954）	5.76***（1.430）
MARKETV	2.74（0.788）	1.31*（0.381）	2.73***（0.788）	1.31*（0.382）
TA	1.59（0.565）	0.68*（0.383）	1.59**（0.565）	0.68（0.274）
DAR	1.51（3.039）	1.73（1.471）	1.38（3.048）	1.68（1.476）
CEO_DUALITY	−0.56（1.371）	0.32（0.664）	−0.54（1.373）	0.33（0.664）
STATE	1.39（0.875）	−0.13（0.423）	1.43（0.877）	−0.12（0.425）
行业虚拟变量	已控制	已控制	已控制	已控制
时间虚拟变量	已控制	已控制	已控制	已控制
R^2 值	0.62	0.48	0.62	0.48
观察值数量	2182	2182	2182	2182
公司数量	（529）	（529）	（529）	（529）

*** $p < 0.001$; ** $p < 0.01$, * $p<0.05$, † $p<0.1$ 括号中报告的数值是标准差。

为排除 CSR 部门设立本身可能存在的内生性，本研究将同省域的企业设立 CSR 部门的企业占比作为工具变量，分别对主效应的两个方程进行两阶段 OLS 回归（见表5-6）。Model 5 显示工具变量与自变量（即企业是否成立 CSR 部门）的显著关系（β=0.72，$p<0.001$），表明该变量符合工具变量的标准。之后将 Model 5 方程的拟合值（Fitted Value）带入 Model 6 和 Model 7 进行第二阶段的 OLS 回归。结果显示主效应显著且稳定——Model 6 和 Model 7 中 RKS 评分的系数（β=22.16，$p<0.001$)，ESG 分数的系数（β=5.44，$p<0.001$）。综上，

本书在第3.2.2节中提出的假设1和假设2成立，即"相比于尚未设立CSR部门的企业，设立了CSR部门的企业其CSR信息披露质量会更高。"和"相比于尚未设立CSR部门的企业，设立了CSR部门的企业其ESG分数会更高。"

表 5-6　工具变量检验

变量	Model 5Stage 1 CSR_D_ALL	Model 6Stage 2 RKS	Model 7Stage 2 ESG
Constant	-2.06***（0.336）	-44.00***（11.865）	-25.97***（5.829）
CSR_D_ALL			
CSR_P_RATIO	0.72***（0.067）		
Fitted value		22.15***（2.747）	5.49***（1.350）
MARKETV	0.02（0.015）	2.04***（0.450）	1.16***（0.221）
TA	0.06***（0.011）	1.55***（0.348）	0.76***（0.171）
DAR	-0.09（0.057）	0.86（1.698）	1.07（0.834）
CEO_DUALITY	-0.002（0.025）	-0.29（0.721）	0.05（0.354）
STATE	0.03†（0.018）	0.56（0.550）	-0.01（0.270）
行业虚拟变量	已控制	已控制	已控制
时间虚拟变量	已控制	已控制	已控制
R^2 值	0.22	0.42	0.33
观察值数量	2182	2182	2182
公司数量	-	-	-

*** $p<0.001$; ** $p<0.01$, * $p<0.05$, † $p<0.1$ 括号中报告的数值是标准差。

5.4.2　进一步分析

（1）关于企业成立CSR部门对企业社会绩效作用的影响因素分析

本研究将基于企业内外利益相关者的不同立场，对已有研究提出的影响企业利益相关者管理和企业社会绩效的两种因素：企业财务特征和治理特征［见

Marquis 和 Raynard（2015）和王鹤丽和童立（2020）的综述］进一步验证。结合已有文献和相关情境，首先对 CSR 部门对企业 CSR 信息披露质量和企业 ESG 分数，这两种社会绩效的影响进行了辨析：尽管已有研究都分别采用两者作为企业社会绩效的测量指标（关于 CSR 信息披露质量见综述 Ruf, Muralidhar and Paul, 1998; 关于 ESG 分数见 Cheng, Ioannou and Serafeim, 2014），但本研究认为 CSR 部门对两者的作用在理论内涵、工作层面等方面还存在一定的区别，尚待深入验证 CSR 部门成立对 CSR 信息披露质量的影响本质上是部门层面的岗位变革，其核心为控制，即吸纳组织内部利益相关者参与以提升企业 CSR 信息披露相关工作的质量；CSR 部门对 ESG 的影响则体现为企业的职业化过程，影响涉及企业中各个层面，其核心是推动企业吸纳内／外部利益相关者参与以沟通双方对 CSR 工作的期望并达成一致，提升企业综合性的社会绩效。

所以，本研究认为企业成立 CSR 部门对企业两个方面的社会绩效的影响涉及的利益相关者立场和企业特征并不一样：前者依靠 CSR 部门吸纳企业内部利益相关者的参与，取决于企业是否有经济资源支持 CSR 部门开展相关工作；后者则有赖于 CSR 部门吸纳企业内／外部利益相关者的参与，涉及企业治理中关于企业决策的过程和环境的相关特征（见表 5-7）。

表 5-7　企业成立 CSR 部门对企业社会绩效的影响辨析

影响	CSR 部门影响 CSR 信息披露质量	CSR 部门影响 ESG 分数
理论内涵	岗位变革	职业化
工作层面	部门层面	企业层面
工作要求	控制（control）	合作（coordination）
主要吸纳对象	内部利益相关者	内／外部利益相关者

据此,本研究提出企业成立CSR部门对CSR信息披露质量的作用受到企业财务状况的影响。从Porter和Kramer（2006）所提出的战略企业社会责任,到之后的"行善得福"的逻辑（Falck and Heblich, 2007）,这些围绕着企业社会绩效和企业财务绩效之间关系所展开的讨论均说明了企业本身的财务状况与其社会绩效的紧密关系。也就是说企业能否提供财务资源支持CSR部门开展相关工作决定了CSR信息披露的质量。同时,已有研究也证明了不仅是企业财务绩效,企业财务风险也对企业利益相关者管理的工作和社会绩效有影响（冯丽艳、肖翔和程小可,2016）。

本研究还提出企业治理特征,包括董事会规模、外部治理环境,将影响企业成立CSR部门对企业ESG分数之间的关系。它们将通过决定内部、外部利益相关者对CSR的期望进而影响企业社会绩效的落实。具体来说,董事会规模决定了企业内部利益相关者期望的一致性程度。已有研究证明,规模较大的董事会更可能因为利益协同难度较大而降低决策效率（Goodstein J, Gautam K and Boeker, 1994；刘玉敏, 2006）。Jiraporn和Chintrakarn（2013）还发现,权力较为集中的董事会有利于解决股东之间的利益冲突,进而推动CSR相关决策。所以,本研究提出当公司董事会规模相对较大时,内部利益相关者的期望一致性较低,这导致了CSR事务的决策效率较低且与其他部门协同开展CSR工作的难度较大从而削弱了企业ESG分数。反之,小规模董事会会强化CSR部门对企业ESG分数的影响。

在外部治理环境方面,本研究认为资本市场中的第三方关注（例如投资者、分析师、社会媒体）在CSR部门对企业社会绩效的作用中起着重要作用，参考应千伟、吕昊婧和邓可斌（2017），俞庆进、张兵（2012）等相关研究，本研究在此处以企业名称或上市公司代码在百度搜索引擎中被搜索的次数为表征。结合已有发现，田高良、封华和于忠泊（2016）认为治理环境对企业的作用体现在监督、声誉和市场等多方面的期望；Nason, Bacq和Gras（2018）进一步指出这些作用本质上取决于利益相关者对企业的期望水平与企业实质行为的差距；金宇超、靳庆鲁和李晓雪（2017）则验证了面对外部治理环境的期望，公司会基于自身目标采取不同行为以满足或规避期望。

本研究认为这种基于注意力的治理环境代表了外部利益相关者对企业的期望基准（Baseline）。对于受到高度关注的企业而言，被赋予的高期望基准会削弱其成立CSR部门对企业ESG分数带来的积极影响，原因是其他利益相关者期望过高意味着"牺牲"股东利益的程度上升，以此为目标的职业化过程将难以被企业股东等内部利益相关者所接受。而在低关注度企业中，成立CSR部门与其ESG分数的积极关系会更加显著。这是因为内、外部利益相关者与企业就平衡企业与社会利益相关议题的期望更容易达成一致，在此基础上企业CSR部门更可能开展实质性工作，从而提升企业ESG分数。

（2）影响因素的实证检验

本研究以企业净资产收益率（ROE）和公司股票收益波动率（SPV）作为衡量企业财务状况的两个指标，验证它们对企业成立CSR部门与CSR信息披露质量之间关系的影响。本研究采取了被已有研究所广泛采用的调节效应检验方法（罗胜强、姜嬿，2012）：以两个调节变量在研究时间段内历年观察值的中位数作为分界点，将样本分为"高／低收益"和"高／低风险"各两组，对两个样本的因变量进行两样本t检验（双尾），计算分组样本之间的差异之后对主效应进行分组回归（随机效应模型），以得出企业财务状况的变化对企业成立CSR部门对企业社会绩效作用的影响。

由表5-9和表5-10可知，根据分组后样本的因变量对比，高／低ROE的企业之间的RSK评分有着显著的差异（$t=-6.79$，$p<0.001$），其t检验结果的95%置信区间是[-4.89，-2.70]。相似的是，高／低SPV的企业之间的RSK评分也有着显著的差异（$t=8.64$，$p<0.001$），其t检验结果的95%置信区间是[3.72，5.90]。这初步证明了ROE和SPV作为企业的财务状况对企业成立CSR部门与企业社会绩效之间关系有着显著的调节作用。

进一步，在ROE情境中（见表5-8，Model 8~11），无论企业ROE高或低，企业成立CSR部门对企业社会绩效的整体提升效应均显著（低ROE：$\beta=15.72$，$p<0.001$；高ROE：$\beta=17.29$，$p<0.001$），结合t检验的结果和回归系数大小，本研究判断高ROE的企业设立CSR部门对其社会绩效的提升作用会显著高于低ROE企业。再一步，根据CSR部门直接领导的层级将CSR部门的整体效应拆分成CSR部门（高）和CSR部门（中），结果显示CSR部门（高）和CSR部门（中）各自的效应在不同ROE水平的企业中均保持着稳定［CSR部门（高）：低ROE：$\beta=15.44$，$p<0.001$；高ROE：$\beta=17.40$，$p<0.001$］［CSR部门（中）：低ROE：$\beta=16.88$，$p<0.001$；高ROE：$\beta=15.78$，$p<0.001$］。

表 5-8 企业 ROE 对 CSR 部门对企业 CSR 信息披露质量影响的调节作用

变量	Model 8 Low ROE	Model 9 High ROE	Model 10 Low ROE	Model 11 High ROE
t-test difference	\multicolumn{4}{c}{$t=-6.79^{***}$ 95%CI [-4.89, -2.70]}			
Constant	-112.55**（43.268）	-48.89（39.372）	-111.82*（43.334）	-49.18（39.425）
CSR_D_ALL	15.72***（1.317）	17.29***（1.307）		
CSR_D_HIGH			15.44***（1.4156）	17.40***（1.341）
CSR_D_MID			16.88***（2.513）	15.78***（4.204）
MARKETV	2.75**（0.961）	3.01**（0.948）	2.75**（0.9612）	3.01**（0.949）
TA	1.26†（0.708）	1.62*（0.679）	1.23†（0.711）	1.612*（0.680）
DAR	6.23†（3.487）	-0.47（3.403）	6.22†（3.490）	-0.41（3.411）
CEO_DUALITY	-1.82（1.516）	1.64（1.644）	-1.80（1.5189）	1.62（1.646）
STATE	0.41（1.087）	0.80（1.027）	0.45（1.0912）	0.76（1.032）
行业虚拟变量	已控制	已控制	已控制	已控制
时间虚拟变量	已控制	已控制	已控制	已控制
R^2 值	0.56	0.63	0.56	0.63
观察值数量	1090	1092	1090	1092
公司数量	361	391	361	391

*** $p<0.001$; ** $p<0.01$, * $p<0.05$, † $p<0.1$ 括号中报告的数值是标准差。

在SPV情境中（见表5-9，Model 12~15），与ROE的调节效应相似，无论企业SPV高或低，企业成立CSR部门对企业社会绩效的整体提升效应均显著（低SPV：$\hat{\beta}=16.56$, $p<0.001$；高SPV：$\hat{\beta}=15.31$, $p<0.001$），结合t检验的结果和回归系数大小，本研究判断低SPV的企业设立CSR部门对其社会绩效的提升作用会显著高于高SPV企业。再一步，根据CSR部门直接领导的层级将CSR部门的整体效应拆分成CSR部门（高）和CSR部门（中），结果显示

CSR 部门（高）和 CSR 部门（中）各自的效应在不同 SPV 水平的企业中均保持着稳定 [CSR 部门（高）：低 SPV：β=16.28，p<0.001；高 SPV：β=18.66，p<0.001][CSR 部门（中）：低 SPV：β=16.54，p<0.001；高 SPV：β=14.29，p<0.001]。

表 5-9　企业 SPV 对 CSR 部门对企业 CSR 信息披露质量影响的调节作用

变量	Model 12 Low SPV	Model 13 High SPV	Model 14 Low SPV	Model 15 High SPV
t-test difference		t=8.64*** 95%CI [3.72, 5.90]		
Constant	-117.68***（35.364）	-49.85*（25.174）	-117.24**（35.384）	-50.00*（25.195）
CSR_D_ALL	16.56***（1.169）	16.31***（1.315）		
CSR_D_HIGH			16.28***（1.216）	16.54***（1.377）
CSR_D_MID			18.66***（2.873）	14.29***（3.644）
MARKETV	3.33***（0.871）	2.80**（0.939）	3.32***（0.871）	2.81**（0.939）
TA	1.37*（0.649）	1.67*（0.697）	1.36*（0.650）	1.67*（0.697）
DAR	1.98（3.248）	2.02（3.472）	1.84（3.254）	2.08（3.476）
CEO_DUALITY	0.43（1.538）	-0.62（1.371）	0.44（1.538）	-0.62（1.372）
STATE	0.69（0.966）	1.81（1.028）	0.734（0.968）	1.78†（1.030）
行业虚拟变量	已控制	已控制	已控制	已控制
时间虚拟变量	已控制	已控制	已控制	已控制
R^2 值	0.62	0.54	0.62	0.54
观察值数量	1090	1092	1090	1092
公司数量	444	439	444	439

*** $p < 0.001$; ** $p < 0.01$, * $p<0.05$, † $p<0.1$ 括号中报告的数值是标准差。

本研究以董事会规模（BS）和企业受关注程度（ATT）作为企业董事会治理和外部治理环境的指标，来验证它们对企业设立 CSR 部门与 ESG 分数之间关系的影响。与前文采取的方法相同，本研究以两者在研究时间段内历年观察值的中位数作为分界点，将样本分为"大／小规模"和"高／低关注"各两组，对两个样本的因变量进行两样本t检验（双尾），计算分组样本之间的差异之后对主效应进行分组回归（随机效应模型），以得出企业治理状况的变化对企业成立CSR部门对企业社会绩效作用的影响。

由表5-10和表5-11可知，根据分组后样本的因变量对比，高／低BS的企业之间的ESG分数有着显著的差异（$t=-2.58$，$p<0.01$），其t检验结果的95%置信区间是[-1.55，-0.21]。相似的是，高／低ATT的企业之间的ESG分数也有着显著的差异（$t=-8.52$，$p<0.001$），其t检验结果的95%置信区间是[-2.92，-1.82]。这初步证明了BS和ATT作为企业治理特征对企业成立CSR部门与企业社会绩效之间关系有着显著的调节作用。

进一步，在BS情境中（见表5-10，Model 16~19），无论企业BS高或低，企业成立CSR部门对企业社会绩效的整体提升效应均显著（低BS：$\hat{\beta}=6.42$，$p<0.001$；高BS：$\hat{\beta}=5.67$，$p<0.001$），结合t检验的结果和回归系数大小，本研究判断低BS的企业设立CSR部门对其社会绩效的提升作用会显著高于高BS企业。再一步，根据CSR部门直接领导的层级将CSR部门的整体效应拆分成CSR部门（高）和CSR部门（中），结果显示CSR部门（高）的效应在不同BS水平的企业中均保持着稳定［CSR部门（高）：低BS：$\hat{\beta}=6.85$，$p<0.001$；高BS：$\hat{\beta}=5.65$，$p<0.001$］，但是CSR部门（中）的效应随着BS水平的变化发生着显著变化［CSR部门（中）：低BD：$\hat{\beta}=2.62$，$p>0.1$；高BS：$\hat{\beta}=5.83$，$p<0.01$］。

表 5-10 企业 BS 对 CSR 部门对企业 ESG 分数影响的调节作用

变量	Model 16 Low BS	Model 17 High BS	Model 18 Low BS	Model 19 High BS
t-test difference		t =-2.58** 95%CI [-1.55，-0.21]		
Constant	-15.25（16.928）	-39.59***（10.268）	-14.97（16.898）	-39.54***（10.297）
CSR_D_ALL	6.42***（1.134）	5.67***（0.725）		
CSR_D_HIGH			6.85***（1.185）	5.65***（0.767）
CSR_D_MID			2.62（3.344）	5.83**（1.855）
MARKETV	0.26（0.671）	1.05*（0.482）	0.18（0.673）	1.05*（0.485）
TA	0.84（0.507）	0.84*（0.349）	0.86†（0.507）	0.84*（0.350）
DAR	0.30（2.698）	0.68（1.781）	0.34（2.694）	0.68（1.785）
CEO_DUALITY	-1.11（0.901）	0.25（0.850）	-1.16（0.900）	0.25（0.853）
STATE	-0.25（0.759）	-0.20（0.531）	-0.42（0.771）	-0.20（0.534）
行业虚拟变量	已控制	已控制	已控制	已控制
时间虚拟变量	已控制	已控制	已控制	已控制
R^2 值	0.54	0.47	0.54	0.47
观察值数量	337	1206	337	1206
公司数量	150	324	150	324

*** $p < 0.001$; ** $p < 0.01$, * $p<0.05$, † $p<0.1$ 括号中报告的数值是标准差。

在ATT情境中（见表5-11，Model 20~23），与BS的调节效应相似，无论企业ATT高或低，企业成立CSR部门对企业社会绩效的整体提升效应均显著（低ATT：β=8.27，$p<0.001$；高ATT：β=5.16，$p<0.001$），结合t检验的结果和回归系数大小，本研究判断低ATT的企业设立CSR部门对其社会绩效的提升作用会显著高于高ATT企业。再一步，根据CSR部门直接领导的层级将CSR部门的整体效应拆分成CSR部门（高）和CSR部门（中），结果显示CSR部门（高）和

CSR 部门（中）各自的效应在不同 ATT 水平的企业中均保持着稳定［CSR 部门（高）：低 ATT：$\hat{\beta}$=8.89，$p<0.001$；高 ATT：$\hat{\beta}$=4.85，$p<0.001$］［CSR 部门（中）：低 ATT：$\hat{\beta}$=5.29，$p<0.05$；高 ATT：$\hat{\beta}$=7.19，$p<0.01$］。

表 5-11　企业 ATT 对 CSR 部门对企业 ESG 分数影响的调节作用

变量	Model 20 Low ATT	Model 21 High ATT	Model 22 Low ATT	Model 23 High ATT
t-test difference		t =-8.52*** 95%CI [-2.92，-1.82]		
Constant	-11.76（19.154）	-49.01†（25.356）	-12.02（19.107）	-48.26***（25.369）
CSR_D_ALL	8.27***（0.971）	5.16***（0.912）		
CSR_D_HIGH			8.89***（1.060）	4.85***（0.966）
CSR_D_MID			5.29*（2.281）	7.19**（2.259）
MARKETV	0.93（0.613）	1.02†（0.614）	0.94（0.611）	1.03†（0.614）
TA	0.48（0.464）	1.13**（0.408）	0.46（0.463）	1.11**（0.408）
DAR	2.89（2.223）	1.60（2.151）	3.24（2.231）	1.57（2.152）
CEO_DUALITY	0.33（1.057）	-0.16（0.876）	0.28（1.055）	-0.01（0.878）
STATE	0.37（0.647）	-0.79（0.616）	0.25（0.650）	-0.71（0.621）
行业虚拟变量	已控制	已控制	已控制	已控制
时间虚拟变量	已控制	已控制	已控制	已控制
R^2 值	0.43	0.46	0.44	0.46
观察值数量	771	774	771	774
公司数量	241	247	241	247

*** $p < 0.001$；** $p < 0.01$，* $p<0.05$，† $p<0.1$ 括号中报告的数值是标准差。

5.4.3　稳定性检验

为了检验上述实证结果的稳定性，本研究还采用了倾向性评分匹配法（Propensity score matching, PSM）进行了干预效应的设计：以是否设立 CSR 部门为分组标准，以前文模型的控制变量为倾向性评分计算对象。在完全消除了样本缺失值后，根据样本实际情况，使用了实验组样本和控制组样本比例为1:2的匹配策略，最终前者为388个观察值，后者为776个观察值。在该子样本基础上，本研究对两组的因变量进行两样本t检验（双尾），结果显示，实验组和控制组在RKS评分（$t=24.03$，$df=639.66$，$p<0.001$）和ESG分数（$t=15.08$，$df=559.58$，$p<0.001$）均有明显的差异，即实验组样本的RKS评分和ESG分数显著高于控制组样本。整体结果均支持了本研究假设，通过了稳定性检验。

5.5 本章小结

本研究检验了企业设立专职的CSR部门对企业社会绩效的影响。研究过程中采用了随机效应模型、工具变量、分组回归和倾向性评分匹配等多种方法，有效地降低了研究的内生性问题。本研究发现企业设立CSR部门对企业的RKS评分和ESG分数具有显著的提升作用，本研究还发现企业财务状况和治理特征会影响企业设立CSR部门与企业社会绩效之间关系。其中，资产收益率较好或资产收益风险较低的企业设立CSR部门对RKS评分的提升作用会更加显著；董事会规模相对较小或投资者关注度较低的企业设立CSR部门则对ESG分数的提升作用更加显著。

此外，本研究还发现了由CSR部门直接领导层级差异对主效应的影响，即由高管直接领导的CSR部门对企业社会绩效的提升作用更加稳定，表现为其作用在本研究选取的四个影响因素的调节效应中均保持显著正向。而中层经理领导的CSR部门对企业社会绩效的提升作用在董事会规模较小的企业中失灵（β=2.62，$p>0.1$）。本研究认为其中的原因是，相比中层领导，高管可以为自己领导的CSR部门提供更有力的经济资源支持和在公司治理中的权责优势，这都保证了CSR部门吸纳利益相关者参与企业日常经营的相关工作顺利开展。

  本研究提出并验证了一种具有代表性的企业吸纳利益相关者管理参与的组织流程——专职CSR部门及其对企业社会绩效产生的积极影响。正如前文提到，以往的企业利益相关者管理研究多采用企业动机视角探索其对企业CSR行为、企业社会绩效的影响，但是这种视角的研究存在无法克服个体动机的复杂性（Petrenko, Aime, Ridge, et al., 2016）和治理职能的泛化等缺陷。所以，本研究从组织流程的角度打开了企业利益相关者管理的"黑箱"，阐释了企业吸纳利益相关者参与日常经营对企业社会绩效的影响——相比于企业董事会、高管团队或其他部门，专职的CSR部门是企业吸纳利益相关者参与的正式渠道，其职能就是负责企业的利益相关者管理工作，它是影响企业社会绩效在现实中产生、发展和变化的近因（Proximate Cause）。另外，本研究还通过厘清CSR部门直接领导层级，探索了企业中不同层级的领导力对组织流程对企业绩效的作用的影响，换句话说，本研究在企业利益相关者管理情境下验证了企业治理和管理自由度对企业结果的交互影响（Sandhu and Kulik, 2019; Marquis and Lee, 2013）。

  本研究关于主效应的影响因素的发现也丰富了已有理论对企业社会绩效与企业其他特征之间关系的理解。具体来说，与Wang和Qian（2011）的发现类似，本研究也发现了企业财务绩效对企业社会绩效的支持作用，即资产收益率较好或资产收益风险较低的企业设立CSR部门对CSR信息披露质量的提升作用更加显著。同时，与冯丽艳、肖翔和程小可（2016）、Shiu和Yang（2017）发现的社会责任在资本市场的"保险作用"相补充，本研究发现资产收益率较低或资本市场收益风险较高的企业成立CSR部门对社会绩效的提升作用会被削弱。上述发现贡献了组织视角下企业社会绩效与企业财务绩效之间的关系和变化，进一步挖掘了Surroca, Tribó和Waddock（2010）提出的企业社会责任——企业财务绩效之间关系中潜在的"中介效应"。根据上述发现，本研究认为，除了人力资本、创新等企业的无形资源（Surroca, Tribó and Waddock, 2010），有形的组织流程建设也可以影响企业财务绩效与社会绩效之间的转化，企业财务绩效和资产收益风险可以通过影响CSR部门的工作开展进而影响企业社会绩效。

本研究还发现，企业董事会治理结构和外部治理环境也可以通过影响CSR部门的工作开展而影响企业社会绩效。本研究认为，上述两个企业治理特征分别代表了企业内部和外部利益相关者对利益相关者管理工作的期望一致性和期望基准，当内部利益相关者期望一致性较高（企业董事会规模较小）或外部利益相关者期望较低（企业受关注程度较低）的时候，企业设立CSR部门将更加显著的提升社会绩效，反之企业设立CSR部门对社会绩效的提升作用将被削弱。上述发现为近年来出现的利益相关者协同视角补充了一个重要的理论前提——Tantalo和Priem（2016）认为有益于多个利益相关者的企业战略行为会引发利益相关者之间的协同，为企业创造新的价值。本研究认为利益相关者协同是否真正能够产生价值（例如，实现企业社会绩效提升）还受到两个因素的影响：一是企业内部利益相关者对该战略行为的期望是否达成一致；二是环境中各方对该战略行为期望的基准水平是否恰当。

第 6 章

企业识别、吸纳和协同利益相关者对企业共享价值的影响

6.1　研究小引

随着企业生产经营的社会化程度不断加深，实现经济价值和社会价值的统一被认为是未来企业的主流目标之一，也是衡量企业整体价值的重要标准（经济参考报报道，2020）。理论界认为，这种统一包含企业在经济、社会和环境等方面的综合影响，它以企业与利益相关者之间关系作为基础，在要求企业行为具备规范性和伦理性的同时，对企业发展进行系统的趋势描述和预测，涉及企业社会责任和企业可持续发展等领域（Bansal and Song, 2017; Bansal, 2005）。就我国而言，企业实现经济价值和社会价值的统一是发展的必然选择，一方面是国家战略的需要：党的十九大提出的"高质量发展"战略强调建设高标准市场体系，作为市场主体的企业把握市场规律，利用良好的市场环境获得进一步发展是达成战略的基础；同样是在党的十九大提出的防范化解重大风险、精准脱贫、污染防治"三大攻坚战"也要求企业发挥自身优势，在当前和长期经济利益相结合的基础上解决社会问题。另一方面，不断完善的制度环境也对企业的相关能力提出更高要求，例如，证监会出台了更加严格的新版《上市公司治理准则》和《上市公司信息披露管理办法》、地方政府开始吸纳互联网企业参与社会治理（北京日报报道，2016）等。所以，企业如何实现经济价值和社会价值的统一对理论和现实都是一个至关重要的问题。

现有关于企业实现经济价值和社会价值统一的理论研究主要基于"共享价值"的概念。著名的企业战略学家Michael Porter与同事将共享价值定义："可以同时提升企业和环境竞争力的政策或运营实践"（Porter and Kramer, 2011）。他们提出创造共享价值是企业着眼于更广大的社会环境来考虑收益和成本，聚焦于识别和扩展经济与社会共同发展的联系，这区别于他们以往提出的企业社会责任的经济价值（Porter and Kramer, 1999；Porter and Kramer, 2006）。他们还进一步提出，共享价值的实现路径根植于企业和利益相关者之间的互动——针对消费者的产品和市场重构、针对供应链企业的价值链重新定义以及针对当地其他利益相关者的基础设施建设和整体发展，其目的是将社会需求视为企业生产力发展的根本来源，做大双方价值"蛋糕"，并非是在已有价值基础上的重新分配。

现有实证研究多数将企业创造共享价值视作一个封闭的理性目标（rational approach；Scott, 1995），并据此来探索企业的动机和对应结果：微观层面取决于企业CEO个人特质和高管团队构成等治理特征影响企业相关决策（Petrenko, Aime and Ridge et al., 2016; Tang, Mack and Chen, 2018; Marquis and Lee, 2013）；宏观层面取决于企业社会绩效的潜在经济价值和无形资产（如企业合法性、社会声誉、利益相关者信任等）的经济回报（Wang and Qian, 2011; Cheng, Ioannou and Serafeim, 2014; 2011; Zhang, Marquis and Qiao, 2016; Marquis and Tilcsik, 2016）。但是上述研究对于共享价值的复杂情境依然缺乏解释力和解决能力。例如，理性视角下社会价值背后的复杂动机：企业可能通过社会责任行为或"脱耦"行为（即只说不做），掩盖其失职行为，如员工待遇低下、业绩亏损、股票崩盘等，反而造成了企业和利益相关者的损失（高勇强、陈亚静和张云均，2012；李四海、陈璇和宋献中，2016；权小锋、吴世农和尹洪英，2015）。

结合肖红军（2020）的观点，本研究认为上述问题反映了现有共享价值研究的两个理论缺陷。首先，以往研究将企业视作一个闭合的理性机器，在企业创造共享价值的问题上没有考虑到环境中各个利益相关者的角色，所以对于企业和利益相关者之间关系对共享价值的作用、结果和对应的过程知之甚少（郭沛源、于永达，2006；赵辉、田志龙，2014）。其次，已有研究往往将企业社会价值笼统地视作针对某一类利益相关者的社会绩效（如企业捐赠、碳排放、非财务信息披露质量等），并未聚焦于其根植的企业业务进行探讨，这导致了现有研究无法进一步挖掘企业绩效蕴含的经济价值和社会价值以及两者之间的具体变化（Barnett and Salomon, 2012），对共享价值命题的分析层次尚未取得突破。

所以，本研究试图从利益相关者管理的角度来展开企业实现共享价值的过程。Freeman（1984）认为利益相关者理论涵盖了企业的经济、社会和政治等多个方面的活动，是"企业战略的社会命题"（Social Issues in the Strategy），也有研究者提出该理论就是一种兼顾企业经济价值和社会价值的视角（Ogden and Watson, 1999；陈宏辉、贾生华，2005），这说明利益相关者理论为关注经济价值和社会价值之间联系的共享价值提供了契合的理论路径。本研究根据利益相关者与企业业务之间的关系，将企业业务的直接对象称为企业的"首要利益相关者"，将首要利益相关者在企业业务情境中的利益相关者称为"关联利益相关者"，图6-1是本研究的初始研究框架。

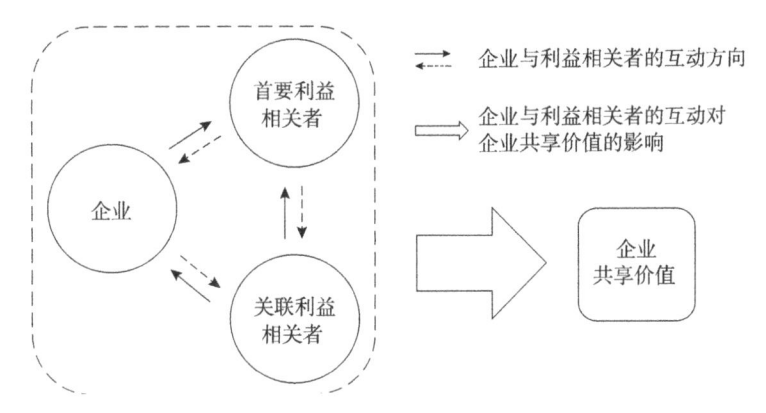

图6-1 企业实现共享价值的利益相关者管理过程研究框架

基于现有理论缺陷，本研究着重解决两个理论问题：一是企业如何通过管理利益相关者实现共享价值；二是利益相关者在企业实现共享价值过程中的角色和作用是什么。本研究发现，企业实现共享价值的利益相关者管理体现为一个行为过程，包括企业识别、吸纳和协同首要／关联利益相关者三个阶段，它们在过程中实现的企业阶段性价值表征和价值主张呈现出不断提升和丰富的趋势。本研究还发现，利益相关者是企业价值统一路径的组成部分，体现在为企业创造经济价值（吸纳阶段）和与企业共同创造经济价值和社会价值（协同阶段）。在融合了企业社会责任理论和企业价值理论的基础上，本研究提出了一个企业实现共享价值的利益相关者管理过程模型，完善和发展了企业利益相关者理论。同时，本研究还阐释了互联网技术机制对企业实现价值统一的重要性，体现为互联网技术帮助企业较快地实现了从单一利益相关者到多方利益相关者的管理，促进了价值统一进程的实现。

本研究采用两家互联网企业开展共享价值相关业务作为样本进行案例研究，有利于发掘与研究目标相关的实践与系统性变异，体现在三个方面：

（1）理念方面，多家互联网企业将价值统一的理念融入企业的底层价值观，例如腾讯于2019年提出更新的使命愿景"用户为本，科技向善"、阿里巴巴的使命"让天下没有难做的生意"、小米公司的愿景"让每个人都能享受科技的乐趣"。

（2）实践方面，互联网企业多具有平台属性，这使得互联网企业在组织形式、治理模式和商业模式等多方面呈现出与其利益相关者的利益和价值的深度融合，所以互联网企业的主营业务与其利益相关者之间往往是"共生共荣"，从企业角度而言这就是一种价值统一的潜在关系；

（3）行业环境方面，互联网行业在近年来发起的相关倡议也为此类实践提供了一些规范意见，例如中国互联网协会发起的《电信和互联网行业网络数据安全自律公约》、北京市朝阳区市场监督管理局指导下的《互联网旅游服务行业自律公约》都得到了众多互联网企业的加入和积极响应，这有助于厘清相关实践的底线和规范，客观地评价价值统一结果。

同时，本研究的结论还可以推广至实施数字化转型或数字化战略的其他行业企业，并不局限于互联网行业企业，尤其是在构建企业数字化商业模式、实施数字化战略等方面的应用，为它们在未来实现经济价值和社会价值统一提供重要的理论和实践启示。

6.2 研究方法和设计

本书研究目标是构建互联网企业实现共享价值的利益相关者管理过程的理论模型，其中关键问题是描述企业利益相关者管理的过程以及分析企业对应实现的共享价值。该研究问题具有探索性、描述性和解释性（Eisenhardt, 1989; Eisenhardt, 2007），所以本研究选取了定性的案例研究作为研究方法以归纳这个动态的变化过程（Van de Ven, 2007）。

在研究设计方面，本研究采取对比式多案例研究设计（Yin, 2013）。首先，已有研究成果相对分散，相比于擅长独特性的单案例，遵循复制逻辑原则的多案例设计在整合旧理论的基础上归纳新理论方面会更具有普适性和说服力；其次，案例中涉及的共享价值业务包括企业的经济价值和社会价值，而此类业务本身的模糊性和混合性会使企业对利益相关者采取多样的战略行为（Nason, Bacq and Gras, 2018），所以本研究有必要选取不同导向的共享价值业务作为研究情境以对比各自过程和结果的异同；最后，相比于传统行业企业，互联网企业往往会在短时间内实现高速发展并取得规模效应，所以行业特殊性决定了本研究需要采用阶段回溯（Langley, 1999）和企业业务演化相结合的逻辑来分析案例数据，而多案例设计可以为本研究提供更加丰富的数据以发现新的问题、现象以及主体间的相互关系，进而精炼理论模型。

针对上述理论问题，本研究对应地采取适合的理论路径——过程模型作为构建本书理论框架的出发点。Van de Ven（2007）提出，相比于方差模型，过程模型更适合检验随着时间变化和发展的机制问题。Reskin（2003）也认为，相比于从企业动机出发的路径，采用企业过程模型探索类似本研究问题具有现实性、可见性和可操作性等重要优势，能够更好地发现研究贡献和启示。所以，围绕"企业如何通过利益相关者管理实现经济价值和社会价值的统一"问题，本研究提出企业利益相关者管理将体现为一个事件驱动（Event-driven Explanation; Van de Ven, 2007）过程——企业将在过程中不同阶段采取不同的行为对应产生不同的结果，进而还会影响下一阶段的企业行为和结果。

6.2.1 案例选取

本研究根据理论抽样的方法选取了两家移动互联网公司作为研究对象——清华控股慕华教育投资有限公司（以下简称慕华教育）和北京快手科技有限公司（以下简称快手科技），抽样理由如下：

（1）行业典型性，它们所从事的均为当下互联网产业中最具代表性的细分行业之一：互联网教育和互联网短视频（36氪，2020）。

（2）环境一致性，两者均于2013年进入当前行业。同年工信部向通信运营商发放4G牌照标志着移动互联网时代的正式到来，当年对应的移动互联网经济规模超过千亿元，移动网民达5亿人，这意味着案例企业所处商业环境进入快速稳定发展轨道。

（3）动机相似性，本研究在预调研中确认两者在案例中开展相关业务的根本动机均为实现共享价值。同时，本研究考虑到两个案例企业所开展业务的初始价值属性并不相同——慕华教育赴南涧开展教育扶贫业务为公益导向，其初始价值是社会价值[①]；快手科技打造短视频社区业务为商业导向，其初始价值是经济价值，但最终都实现了共享价值，故而将两者进行对比式研究。这意味着本研究的案例选取一方面保证了对社会经济、行业和企业发展阶段的等外生因素的控制；另一方面还满足了研究目标所要求的潜在系统性变异，从研究设计的开端就保证了研究的信度和效度。

案例企业的相关信息[②]见表6-1。

表6-1 案例企业信息

案例企业特征	慕华教育（案例A）	快手科技（案例B）
所处地区	北京	北京
所处行业	互联网教育	互联网短视频
成立时间	2013年	2011年[③]
企业规模	注册资本5亿元/员工人数约500人	注册资本1亿元/员工人数约3000人
上市与否	否	2021年2月5日在香港交易所上市
业务属性/初始价值	公益导向/社会价值	商业导向/经济价值
业务内容	赴南涧开展互联网教育扶贫	打造短视频社区
代表性产品	慕华·南涧互联网学校	快手App

6.2.2 数据收集和来源

整个数据收集过程历时两年（2018—2019年），采取了三角化收集方式（Glaser and Strauss, 1976; Yin, 2013），即本研究通过公司员工和用户、公开报

---

① 作为清华资产管理有限公司（原清华控股）的全资子公司，慕华教育参与的是教育部对清华大学部署的定点帮扶南涧县的扶贫工作，主要承担教育扶贫板块。
② 截至2020年4月的公开信息。
③ 快手科技于2013年正式进入互联网短视频行业。

道和披露以及公司文件等多种来源,使用现场访谈、文献检阅和工作现场的参与式观察等多种方法来收集案例数据并对它们进行相互交叉验证。收集过程分为三个阶段:一是本研究对案例企业进行了全方位的了解,包括收集企业信息、公开报道、重大新闻和事件以及对企业部分人员进行预调研,也对它们的代表性产品("慕华·南涧互联网学校"和快手App)进行了市场调研,包括收集市场数据、询问产品用户、亲身体验等。二是本研究对案例企业进行实地调研,包括访谈企业创始人、高/中层管理人员、代表性受众和用户、收集企业内部材料等,还前往业务实施地域(云南省南涧县)进行了田野调查。三是本研究还针对可能存在的遗漏对企业进行了回访和补充调研并及时跟踪最新数据。上述方法保证了案例数据的信度、效度和时效性。案例数据信息见表6-2。

表6-2 案例数据信息

案例企业	慕华教育(案例A)	快手科技(案例B)
数据来源	● 企业授权公开披露信息(公司官网、权威媒体报道) ● 企业内部材料 ● 访谈数据 ● 企业会议和讨论记录 ● 企业和相关的现场调研	
访谈人员信息	● 企业方:副总裁兼党支部书记;市场部总监;下属子公司爱学堂CEO和学堂在线CEO ● 利益相关者:南涧县委书记;南涧教体局相关负责人;南涧扶贫办工作人员;清华大学派驻扶贫第一书记;当地中小学校长、教师和学生(共计40人)	● 企业方:企业创始人兼CEO;CTO;战略负责人;公共关系负责人;产品负责人;AI副总裁;商业化副总裁;公共关系副总裁;政府事务副总裁;社会责任负责人;公共关系经理;社会责任经理 ● 利益相关者:典型用户代表(快手用户名:爱笑的雪莉吖、男神东方牛)(共计16人)

续表

案例企业	慕华教育（案例A）	快手科技（案例B）
数据库构成	● 访谈录音数据 40 小时 ● 录音转化的文字数据约 60 万字 ● 有效图片素材 2GB ● 产品的田野调查：2 年时间的追踪使用 ● 专著：《被看见的力量 快手是什么》	

为了进一步确保研究结论的可复制性和有效性，本研究基于案例数据库，对案例数据进行了信效度分析，包括案例原型设计、案例数据库管理和案例数据对比交叉分析等多个方面，结果均符合要求，见表6-3。

表 6-3 案例数据信效度分析

信度分析		效度分析
案例研究原型设计 （Case Study Protocol） ● 考察企业列表及信息 ● 采访对象名单及信息 ● 访谈问题大纲 ● 预期数据类型与获取方式设计 ● 主要研究内容的理论提纲	案例研究数据库建立 (Case Study Database) ● 访谈录音材料 ● 访谈资料的文字版本 ● 会议及讨论的文字记录 ● 实地考察笔记 ● 公司文件记录 ● 公司治理制度 ● 公司披露信息	● 数据来源多元化：实地笔记、访谈记录、公司内部文件、披露文字 ● 建立证据链：在案例分析过程中，研究团队仔细按照案例研究的设计原型，对各个研究环节进行管控，确保数据收集的精准，从而实现从数据到结果的有效性 ● 案例内容审查：案例的相关数据经过研究小组成员交互审查并仔细对比

6.2.3 分析方法

本研究采用归纳和演绎相结合的思路进行分析。首先，本研究对案例数据进行开放式编码，即以理论路径为引导，对其中关键阶段以及内在逻辑进行描述和归纳。其次，本研究采用复制逻辑对两个案例的归纳结果进行比对并总结它们之间的异同；最后，本研究将归纳结果与现有相关理论进行相互解释和对话，目的是在提炼理论逻辑的同时明确理论定位，进一步提升它的解释力，最终完成理论模型构建。

6.3 案例描述和分析

本部分将进行案例的描述和分析，围绕企业开展共享价值相关业务，本研究基于企业利益相关者与该业务的相关程度将其分为首要利益相关者和关联利益相关者，前者是业务的直接受众，后者则是前者在业务中的利益相关者。本部分首先通过归纳案例材料得出企业实现共享价值的利益相关者管理过程（见表6-4和表6-5）和对应实现的共享价值（见表6-6），之后引入已有的企业价值理论/理论框架与案例发现相互印证和阐释，采用归纳和演绎相结合的方法提炼出本书的理论模型（见图6-2）；另外，本部分还将解构企业在利益相关者管理的价值统一路径以挖掘互联网企业利益相关者管理机制（见表6-7）。

6.3.1 企业实现共享价值的利益相关者管理过程

（1）企业识别利益相关者

识别利益相关者是本研究中企业利益相关者管理过程的第一步。Mitchell, Agle 和 Wood（1997）认为企业的利益相关者识别与单纯的利益相关者的客观描述不同，它是企业对潜在利益相关者以及它们可能对企业产生影响的判断。王红丽和崔晓明（2013）在企业遭遇公共危机的情境中

第6章 | 企业识别、吸纳和协同利益相关者对企业共享价值的影响

表6-4 慕华教育（案例A）利益相关者管理过程分析及描述性数据

阶段	对象	描述性数据
识别	首要利益相关者（学生）	"国家扶贫的基本政策就是'扶贫先扶志，治贫先治愚'，'两不愁三保障'，你可以通过直接帮扶实现，如果really大理州都可以考出一个学生才能改变命运。"（副总裁）"南涧离大理州都有接近两个小时的车程，优质的老师是不会到大山里去……我们在南涧实施的教育扶贫，从长期角度讲就是致力于提升当地老师，通过他们再把当地的学生带出来，能够持续帮扶地培养为当地发展做贡献的人才。"（副总裁）
	关联利益相关者（教师）	"当地学生以留守儿童为主，因为经济条件的限制，网络和硬件设施的覆盖还是会有困难的……所以我们后来把战略重点放到老师，平板电脑上进行'自主学习'会有很多风险。所以我们急于在中小学生里面推互联网教育。毕竟未成年人心智尚未成熟，让学生在手机和平板上进行'自主学习'会有很多风险。所以我们先把老师赋能起来，然后让老师逐步带着学生去做。"（市场部总监）
	其他关联利益相关者（地方党政机关、学校）	"我们从启动的时候就是和当地政府一起来抓……互联网学校就是由我们公司的董事长和县委书记两个人共同揭牌。我们对外所有宣传部是'慕华·南涧互联网学校'，是慕华教育和南涧县委、县政府共同打造的互联网教育平台。"（市场部总监）"当地教体局专门建立了一个分级的管理体系，从教育局到学区再到他们学校会以文件和正式通知等形式帮助我们组织会议统计信息，落实效果非常好……当地要帮扶的2000多个老师，每个学校都有管理员，管理每个教师的账号。"（副总裁）
吸纳	关联利益相关的基础参与	"我们每学期开展网校的学习活动首先是请政府发文件给学校，明确规定每个教师的基础学习课时，比如一学期至少选修一门课。"（市场部总监）

139

续表

阶段	对象	描述性数据
吸纳	关联利益相关者的深度参与	"我们对线上学习的教师设置了多种奖励，不仅有机会获得清华大学学习用品套装和学习卡，还可以免费获得课程认证证书。"（下属公司CEO） "除了线上学习之外，我们还增加了助教，运营和线下培训，会经常与受扶帮教师线下面对面交流。"（下属公司CEO） "我们现在要推学历学位教育，与北师大合作成立了京师慕华，专门致力于教师培训和教师学历提升……我们计划于未来能够提供一些在线本科和研究生的学历学位认证，等同于在高校里直接学习。"（副总裁）
协同	社会层面的其他关联利益相关者群体	"清华附中和慕华教育联合为南涧提供了一种新型的办学模式，就是'清华附中创新实验班'，目前是依托南涧思源实验中学和南涧一中这两所学校……清华大学和清华附中主要是想通过这样的一种教育扶贫的模式提升教师队伍的整体素质，并逐渐地辐射到其他的班级和全县其他学校，最终使得所有学生都受益。"（南涧教体局相关负责人）
	社会层面的关联利益相关者群体	"没有这些之前，我们的确就是三尺讲台加一支粉笔……现在每天语文课上或者品德课上至少要用一次课件，用课件的时候，也让学生兴奋起来，他们的确喜欢这些生动的素材。在阅读和写作课上，我们还能把微课当作课外阅读拓宽我们们的阅读数量和知识面。"（南涧小学教师） "我认为学习极积心理学对我们班主任来说特别有帮助……我们可以更加了解学生，更好地与他们沟通和管理他们。"（南涧小学教师）

注：数据来源在描述性语句末尾的括号中。

实证验证了企业是否在第一时间正确识别与危机相关的利益相关者对危机管理成败有着重要影响。根据案例，本研究认为企业在识别阶段的利益相关者管理体现为企业在业务规划过程中识别业务涉及的首要／关联利益相关者。

　　本研究发现，企业会首先识别业务的首要利益相关者，再识别它在业务中的关联利益相关者。在案例A中，围绕在南涧当地开展"互联网+"教育扶贫工作，慕华教育第一时间识别了该业务的首要利益相关者，即南涧当地中小学生，之后在当地调研时发现其规划的扶贫方案——设立"慕华·南涧互联网学校"（以下简称网校），所采取的互联网终端在线学习方式不宜直接面向中小学生开放。为了实现网校的落地，慕华教育识别了中小学生在教育议题中的关联利益相关者——当地中小学教师，将其作为教育扶贫的核心帮扶对象。进一步，慕华教育围绕教师群体识别了他们在当地的关联利益相关者，包括当地教育行政主管部门（南涧教体局）、南涧县委以及受帮扶教师所在中小学校（见表6-4）。

　　在案例B中，快手科技两位创始人程一笑和宿华从创立快手科技伊始就希望通过打造短视频社区来"提升每个人独特的幸福感"。所以，快手社区的普通用户被识别为快手短视频社区的首要利益相关者。之后快手科技将相关的先进互联网技术[①]投入社区运营和管理，实现了对用户行为和用户作品的学习和理解以及对社区用户画像的深度刻画；同时快手科技还在App界面设

---

　① 主要包括推荐算法、多模态理解、语言识别、图像视频处理和压缩和计算机视觉等AI和机器学习技术。

表6-5 快手科技（案例B）利益相关者管理过程分析及描述性数据

阶段	对象	描述性数据
识别	首要利益相关者（用户）	"快手的使命是提升每个人独特的幸福感……我们希望它对每个人个性化的，因为你记录和分享，所以被别人看到。你被理解，给你反馈，使得你的存在感变强，消除孤独感。"（创始人兼CEO） "我们2011年做（短视频）的时候，全球还没有人做这件事情。在快手之前，拍视频是很专业的事情。你不会想象每一个普通人也可以用视频记录自己的生活……视频呈现的信息跟人类原生得到的是一样的。你视频成为人类记录的主要形式是历史必然。"（创始人兼CEO）
	首要利益相关者（用户作品）	"在法律和公序良俗的基础上，每个用户的每个作品会获得固定量的曝光。在这个基础上，我们会尝试将多余的流量分配给那些更受用户欢迎度的流量分配。这种基于受欢迎程度和价值，不仅看作品在整个社区范围所拥有的'绝对值'，更要考虑其在对应受众群体中的受欢迎程度和价值，换句话说，小众目优秀的作品依然会被方法所推荐并匹配更多流量。在这代过程中，当作品内容的曝光率'爬升'到某一位置并达到相对稳定，平台就会停止对它的流量分配。对受众基数庞大的作品内容，算法则会相对限制它们的曝光。"（产品负责人）
	关联利益相关者（用户在社区中通过社交网络关联的其他用户）	"对视频内容的理解是一个多模态的理解过程。除了感知阶段获取基本标签，还要做一个推理过程，把这些标签组合起来，推理出这个视频整体表达的内容和情绪，之后送到推荐引擎里面。之后为了将作品和用户匹配，系统还需要理解用户在使用App时的偏好和行为，这些行为和那些基本信息会送到模型里面预测用户的兴趣以及与其他用户之间的关系，然后再对视频内容的理解合在一起进行匹对，实现向用户推荐其感兴趣的视频。"（AI副总裁）

142

续表

阶段	对象	描述性数据
吸纳	首要利益相关者的硬件参与	"我们运用 AI 技术将视频特效功能做了亲民的转化和应用,这本身不仅体现了我们普惠的价值观,同时也符合特效技术本身未来发展方向,实现了在中低端机上展现好来坞特效的能力。"(AI 副总裁)
吸纳	首要利益相关者的作品参与	"我们就是把(社区中的)事情都做了,默默服务大家。""大家直观地认为快手跟其他直播平台是一样的,签约、搞工会和网红运营。所以我们说坚持不打扰用户原则,大家都觉得不可能。"(社会责任负责人)
吸纳	关联利益相关者的参与	"快手的商业化我用一个词来描述会更合适,顺势而为……比如说直播这件事,它希望能够增强人和人之间的互动,用户有这样的诉求,你顺势做这种的产品去迎合用户的需求,去帮助他们能够更好地互动,所以那个路会走得非常顺。"(商业化副总裁) "我们在开放电商能力时候,希望能够建立这个商业生态,而不仅仅是我们一个商业主体……为社区里的用户群体引入优质的合作伙伴,满足大家的各种需求。"(商业化副总裁)
协同	社会层面的首要利益相关者群体(个体用户)	"快手行动不是一个普通的 CSR 部门,而是一个跨部门的新协作部门,我们想做的事情就是联动各个部门去把快手的创新能力发挥到最大去解决社会问题。"(社会责任负责人) "我们为什么要把一些用户挑选成乡村带头人,是为了让他社会有带动作用……在地人才是很重要的,他可能成为脱贫的核心力量。因为他知道如何与当地人打交道和合作解决问题,这些是外来人办不到的。"(社会责任负责人)
协同	社会层面的首要利益相关者群体(机构用户)	"对于快手来说,用户就是编创团队,我们有几亿用户并且都扎根于现实社会的'毛细血管'中,这种基于真实的感染力和快速更新的传播方式塑造了其巨大的影响力。"(政府事务副总裁) "现任觉得每一天的工作都是新的。面对每一个合作地区,我们都会充分挖掘其独特性再对接快手平台的资源。事实证明,这种持续的、长期的、追踪式的赋能,会对地方和产业层面产生积极影响。"(政府事务副总裁)

注:数据来源在描述性语句末尾的括号中。

计、作品流量分配等方面给予了用户更多的自主权和更平等的起点。上述被冠以"普惠"理念的互联网技术和产品设计实现了对不同用户群体的深度识别以及作品和用户的精准匹配，用户之间通过作品的发布和收看产生了（被）点赞、（被）评论和（被）关注的连接，很好地实现了社交需求。所以，快手科技在本阶段还将用户在社区中通过社交网络关联的其他用户识别为该用户的关联利益相关者（见表6-5）。通过分析本研究认为，两个案例在本阶段均实现了业务中首要/关联利益相关者的社会价值或扩大了它们的潜在社会价值。不同的是，慕华教育展现出一个节奏相对较快地从首要利益相关者再到关联利益相关者的识别；快手科技则专注于对首要利益相关者的深度识别，体现在用户作品、用户行为和用户之间的社交连接等多个方面。

（2）企业吸纳利益相关者参与

企业吸纳利益相关者参与的原意是对企业和利益相关者之间互动关系的一种泛指。有学者直接将其归纳为一种企业的责任行为（Greenwood，2007），还根据行为特征衍生出诸如主动利益相关者参与等相关概念（Cennamo, Berrone and Cruz et al., 2012），指企业特有的利益相关者导向的实质性行为。Laplume, Sonpar and Litz（2008）认为吸纳利益相关者参与本质上是企业对利益相关者的反馈和对应行为，主要关注"企业是否能够通过利益相关者的参与实现社会价值的提升"，体现在争取支持、管理以及平衡利益等多个方面。基于案例，本研究认为吸纳阶段体现为企业在业务开展阶段基于识别结果吸纳首要/关联利益相关者共同参与以保证业务的运行。

在案例A中，慕华教育吸纳南涧教体局等关联利益相关者，通过行政规定和物质/精神激励相结合的多种措施改变了当地教师学习热情不高、选课不积极的初始状态，促进了他们深入参与网校学习。这首先为慕华教育提供了网校业务的一线运营经验，而当地教师在参与后反馈的意见很多被慕华教育采纳并应用到网校相关的产品设计和运营服务之中，这还意味着企业低成本地完成了产品的市场调研和用户体验反馈；在案例B中，快手科技围绕用户和他们在社区的社交网络中关联的其他用户，从产品体验和社区运营两个方面进一步提升和优化了用户在短视频社区社交互动的体验，包括开发具有游戏效果的表情、优化底层算法以提升对中低端手机适配性；并且快手科技还适时引入短视频MCN（Multi-Channel Network）机构满足用户基于社交活动的衍生需求，与此同时，快手科技坚持"不打扰"用户的运营原则，优先保护用户的社区体验，谨慎地使用着随着用户规模不断扩大的社区流量。因此，快手科技在此阶段逐渐建立了被称为"老铁经济"的独特的社区商业模式，涵盖流量、直播、电商和游戏等领域，分别通过广告投放、直播PK、直播"带货"和游戏推介等形式获取现金流和利润。

本研究认为，在吸纳阶段，慕华教育通过吸纳首要/关联利益相关者的参与，低成本地完成了产品市场调研和消费者体验反馈，获取了产品运营和设计改良经验，发掘了公益导向业务的经济价值，即降低企业业务的运营成本；快手科技则通过吸纳首要/关联利益相关者的参与，初步建立了企业商业模式和盈利点，拓展了商业导向业务的经济价值。

（3）企业协同利益相关者

企业协同利益相关者是整个过程的核心阶段，区别于企业在识别和吸纳阶段聚焦于对某一层面利益相关者的影响，企业在协同阶段面临对多层次利益相关者的共同管理。利益相关者协同由Tantalo和Priem（2016）正式提出并被定义为企业基于多方利益相关者的工具属性所开拓的机会从而实现价值创造的过程。他们认为，利益相关者协同属于一种可行的"做大蛋糕"的途径，即在不损害任意一方的情况下，为多方利益相关者创造不同类型的价值。他们提出，实现协同要求企业细分利益相关者的实用功能，发现利益相关者之间存在的经济关联或其他关联并以此促进多方价值的实现。

本研究认为，企业利益相关者管理在协同阶段体现为企业基于对业务层面利益相关者的识别和吸纳，进一步协同它们所代表社会群体实现业务的社会化。展开来说，本研究的企业业务的社会化是指在协同阶段企业会基于业务层面的利益相关者管理，实现对社会层面利益相关者群体的协同，并将业务的影响范围和价值提升至社会层面，实现企业和利益相关者多方共益。

在案例A中，慕华教育基于对当地中小学教师的帮扶，逐步实现了对当地学生群体的协同，体现在两个方面：网校学习促进了当地师资队伍的整体建设（教学和班级管理能力的提升）、联合其他关联利益相关者推动教育制度改革（设立"清华附中创新实验班"），使得扶贫成果开始从原有的义务教育层面扩散到各个层次的教育领域（包括职业教育、高等教育等）。基于在南涧扶贫工作的积累，慕华教育在本阶段开始推广服务于不同对象和不同情境的网校产品，产品体系逐步成熟，业务范围不断扩大。

在案例B中，快手科技基于对社区用户的管理，进而协同了它们代表的社会群体或者所在地域/领域的社会机构和组织。快手科技在2017年成立社会责任部门"快手行动"并于次年发布了其社会责任战略"幸福乡村、幸福成长、幸福伙伴",分别对应社区中农民、青少年和公益机构用户以及它们背后的社会群体。其主打项目"乡村带头人"致力于通过带头人开发加短视频宣传的方式助力乡村脱贫和振兴。与此同时,快手科技还以短视频媒体的角色通过社区中的机构用户,包括地方政府和专业机构,协同其所在的辖区和专业领域的发展。快手社区实现了用户规模、活跃程度以及社会影响不断攀升,直至2020年年初,快手日活用户超过3亿,直播日活用户超过1亿,成为国内最大的短视频社区之一。

本研究还发现,慕华教育在本阶段通过关联利益相关者协同社会层面的首要利益相关者;快手科技则通过首要利益相关者协同社会层面的关联利益相关者,两者均实现了经济价值和社会价值的统一。本研究认为协同顺序不同的原因是业务的初始价值导向不同,公益导向业务通过提升业务的社会价值进而提升其经济价值;商业导向业务则通过提升业务的经济价值进而扩大其社会价值和社会效应。

通过两个案例的综合对比,本研究发现企业通过利益相关者管理实现共享价值的过程均体现为企业对业务的首要/关联利益相关者的识别、吸纳和协同,首要/关联利益相关者之间的区别在于它们分别代表了业务的初始以及潜在价值属性,首要利益相关者往往与业务的初始属性保持一致(经济价值或社会价值),关联利益相关者则是业务的潜在价值属性(社会价值或经济价值),而业务的初始价值属性的不同决定了企业对业务涉及的首要/关联利益相关者的管理顺序。

6.3.2 企业利益相关者管理过程与企业共享价值

(1)企业整体价值表征、价值主张和价值统一路径

本研究采取了归纳和演绎相结合的方法对企业管理利益相关者过程对

应实现的共享价值进行分析。本研究引用了三个企业价值理论框架，包括企业整体价值的收益—成本表征（Benefit Relative to Cost, Porter and Kramer, 2011）、企业整体价值主张（Value Proposition）以及企业和利益相关者之间的价值统一路径，与上一阶段的发现进行相互印证、阐释和深化（见表6-6），以提炼出本书的核心——互联网企业实现共享价值的利益相关者管理模型。

表6-6 企业利益相关者管理与企业共享价值

企业价值理论框架	识别	吸纳	协同
企业整体价值表征（收益—成本）	利益相关者收益上升	企业运营成本降低或收益上升	企业和利益相关者收益上升，成本降低
企业整体价值主张（案例A）	网课	教师培训和教学辅助	在地教育发展
企业整体价值主张（案例B）	社交	商业和生活	媒体和专业知识
价值统一路径	企业创造社会价值	利益相关者创造经济价值	企业和多层次利益相关者共同创造经济价值和社会价值

本研究首先以价值的收益—成本表征来衡量企业利益相关者管理过程在每个阶段对应实现的共享价值。本研究认为企业在识别阶段会通过不断挖掘业务中首要／关联利益相关者的需求从而实现、放大业务的社会价值，体现为企业共享价值中利益相关者收益的上升。在案例A中，随着识别阶段的深入，慕华教育扶贫业务涉及的南涧当地利益相关者不断增多，受益于帮扶的范围也随之扩大，包括中小学生、中小学教师、当地学校和当地教育行政主管部门（南涧教体局）等；在案例B中，快手科技基于互联网技术对社区用户的深度识别实现了用户之间基于短视频作品的互动以及在此基础上建立的社交网络关联，很好地发现并满足了他们的社交需求，正如快手科技一位副

总裁在访谈中提到"我们没对用户进行过类似的要求,但是快手上绝大多数用户在自己的主页上都写着诸如'感谢快手官方提供的平台'的话语。这都是他们收获了理解和关注后发自内心的幸福和感谢。"

本研究认为企业在吸纳阶段会基于对利益相关者的识别结果,引入首要/关联利益相关者参与业务,保证业务的顺利开展,而业务开展意味着企业经济价值的实现,体现为企业共享价值中企业(运营)成本降低或收益上升。在案例A中,慕华教育在本阶段一方面吸纳当地中小学教师加入网校学习;另一方面还吸纳了南涧教体局等教师行政管理部门的加入保证他们的深度参与,使得以当地教师为核心的教育帮扶工作顺利开展,进而低成本地收获了产品的一线运营经验和使用反馈,并将其应用于网校产品的后续改进和设计。在案例B中,快手科技基于对用户(包括作品内容和使用行为)的深度识别,由手机硬件的适配性和后台AI智能算法的精确识别保证了用户在社区的良好体验,随着用户规模的不断扩大,社区内部出现了商业化和生活化趋势,快手科技在此基础上建立了"老铁经济"为代表的商业模式,为主营业务的发展提供了现金流和盈利点。

第一,本研究认为企业协同利益相关者是企业实现经济价值和社会价值相互创造、相互统一的关键步骤,协同的本质是企业实现业务的社会化,表现为企业和利益相关者多方的收益提升和成本下降。在案例A中,慕华教育开始将南涧扶贫中积累的产品运营经验应用到其他业务。在南涧当地,已有扶贫成果不仅完善了当地教师队伍的建设,还在此基础上开始尝试教育体制改革,如设立"清华附中创新实验班"、发展职业教育等,为未来"乡村振兴"的在地人才储备打下基础。与此同时,慕华教育基于在南涧的网校运营经验，快速地拓展了网校相关业务，陆续推出了面对不同人群、不同需求的互联网学校产品，例如"慕华水木自强学堂"，逐渐形成了以教师培训、学前教育、心理学堂、家庭教育、社会教育和艺术学堂等专业教育领域为代表的互联网学校整体解决方案。在案例B中，快手科技以"乡村带头人"项目带动农村脱贫，还运用其短视频媒体身份帮助专业组织协同所在地域和专业领域的发展，快手社区的用户规模、活跃程度和社会影响力也在此过程中不断攀升，商业模式逐渐成熟，其企业融资规模和估值随之快速上涨，截至2020年年底，快手科技在资本市场上的估值高达500亿美元，是当时我国价值排行靠前的短视频企业之一（凤凰财经，2020）。2021年2月5日，快手科技赴我国的香港交易所上市，截至2021年2月10日每股报价378港元，总市值为15720亿港元，成为港股第七大市值的上市公司（新浪财经报道，2021）。

第二，本研究采用企业整体价值主张的观点来阐述企业在利益相关者管理过程中实现的共享价值的属性。价值主张被定义为"企业在商业运营中为其利益相关者带来的直接或间接效益"（邢小强、仝允桓和陈晓鹏，2011），它的演化意味着企业不断遵循新的行为逻辑来为利益相关者创造和传递价值（王雪冬和董大海，2013）。本研究认为，案例企业在利益相关者管理的不同阶段展示出了不同价值主张的共享价值。慕华教育在三个阶段依次展示出了"网课""教师培训和教学辅助"和"在地教育发展"三种价值主张；快手科技的价值主张则体现在"社交""商业和生活""媒体和专业知识"三个方面。本研究发现，随着利益相关者管理的不断深入，企业共享价值的价值主张呈现出多元化，影响层面呈现出社会化，利益相关者涉及范围呈现出综合化，这也印证了共享价值的定义"让企业着眼于更广大的社会环境来考虑收益和成本之间关系"。

第三，本研究运用企业、利益相关者之间的价值实现逻辑的观点支撑企业在利益相关者管理过程中创造共享价值的价值统一路径。Teece（2010）提出在商业模式的情境下，企业与利益相关者之间存在三个价值实现逻辑，即企业发现利益相关者的需求（What They Want）、实现需求的方式（How They Want it）和如何满足需求（How to Meet Needs）并获得回报。本研究的发现之一，即企业通过识别、吸纳和协同利益相关者，从而实现共享价值的过程，这个过程实现企业的经济价值和社会价值统一的路径包含了上述逻辑。

识别阶段的价值统一路径是企业为利益相关者创造（潜在）社会价值，对应的价值实现逻辑是企业进行业务规划，发掘首要/关联利益相关者在业务中的具体需求。在案例A中，慕华教育挖掘了学生的教育需求、教师的培训需求、当地政府和教育主管部门的行业发展需求；在案例B中，快手科技对社区用户进行深度刻画的本质即是挖掘用户的社交需求以及后续衍生的商业、生活等需求。

吸纳阶段的价值统一路径是利益相关者为企业创造经济价值，企业在本阶段聚焦于为利益相关者创造实现其需求的方式，进而吸纳利益相关者进一步参与业务，保证了业务开展。在案例A中，慕华教育直接通过网校扶贫这一实现方式并采取多种措施促进利益相关者的深度参与；相反，在案例B中，快手科技在社区采取"不打扰"的运营原则，将实现方式的选择权交给用户，根据用户的选择"顺势而为"地提供相应功能（如电商服务"小黄车"、广告宣传服务"快接单"）。

协同阶段的价值统一路径是企业和利益相关者共同创造经济价值和社会价

值，对应的价值实现逻辑是企业满足业务乃至社会层面的利益相关者需求并获得相应回报。慕华教育的网校对当地教师队伍和教育制度的改善使得原本聚焦于当地基础教育的帮扶将在未来扩散至其他教育领域；慕华教育也受益于南涧教育扶贫工作的经验积累，实现了网校业务在其他情境的快速拓展；快手科技则动员作为其首要利益相关者的个体用户带动其所在的社会群体，协同社会层面的关联利益相关者（如地方政府和专业机构）完善所在区域和领域的治理。这种业务社会化一方面使得快手社区的规模和社会影响力快速攀升；另一方面也为企业带来了包括高现金流、高融资和高估值等经济回报。

综上，本研究提出企业实现共享价值的利益相关者管理模型（图6-2）。本研究认为随着利益相关者管理过程——识别、吸纳和协同的深入，企业实

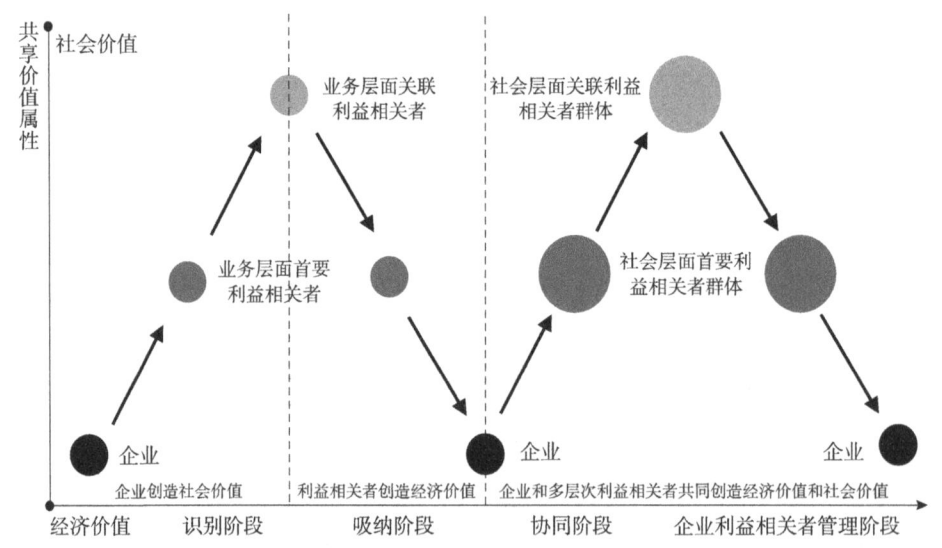

*图中圆圈的颜色深度越浅，代表其价值属性越接近社会价值；越深，代表其价值属性越接近经济价值。
*图中圆圈的大小代表其涉及利益相关者的层面，大圆圈代表社会层面；小圆圈为业务层面。
*图中箭头方向代表价值统一路径的作用方向。
*虚线分割过程中各阶段。

图6-2 互联网企业实现共享价值的利益相关者管理过程模型

现的共享价值表现为企业和利益相关者的收益提升或／和成本降低，每个阶段有着不同的价值统一路径，对应实现了不同的价值主张，企业会在协同阶段基于业务社会化实现经济价值和社会价值的统一。

（2）价值统一路径：互联网技术与职能管理双重机制

已有研究发现，传统的企业利益相关者管理主要集中在职能管理机制，目的在于实现利益相关者管理在企业治理层面的确立，包括各职能部门、政策和流程等的建设（杨瑞龙和周业安，1997；Marquis and Lee，2013），例如，设立专职部门和基金会、披露相关公司信息、举办慈善捐赠和公益活动等。通过解构案例企业的价值统一路径，本研究归纳得出企业各阶段所采取的利益相关者管理机制，发现区别于传统的职能管理单一机制，互联网企业在利益相关者管理过程中会交织采用互联网技术和职能管理双重机制以保证经济价值和社会价值的实现和统一。

具体来说，对应不同阶段的利益相关者管理，互联网企业采取了不同的互联网技术机制和职能管理机制（见表6-7）。在识别阶段，企业首先会响应内外部环境的要求以确认业务的首要／关联利益相关者，并通过提升技术（应用）能力进一步精确刻画利益相关者的形象和行为以奠定业务实施的基础；在吸纳阶段，企业需要向利益相关者开放技术功能以引入它们的深度参与，并通过设立对口的专职部门和管理组织等职能管理机制辅助技术保证业务的顺利开展；在协同阶段，企业则致力于技术的多场景应用，与此同时与相关的社会专业组织进行对接以协同各方扩大业务实施范围和影响力，实现业务的社会化。

表 6-7 互联网企业利益相关者管理的价值统一路径的双重机制

利益相关者管理阶段	识别阶段	吸纳阶段	协同阶段
价值统一路径	企业创造社会价值	利益相关者创造经济价值	企业和利益相关者协同创造经济价值和社会价值
互联网技术机制	名称：技术能力的提升 作用对象：关联利益相关者 案例 A 数据：基于当地情境寻找到当地教师作为可行的帮扶对象。 案例 B 数据：不断提升 AI 的行为学习能力和内容理解能力以完善用户在社区的社交网络和通过社交网络关联的其他用户的匹配	名称：技术功能的开放 作用对象：首要/关联利益相关者 案例 A 数据：为教师提供丰富的在线课程内容、多样化的学习成果认证和面向学生的互联网教学工具。 案例 B 数据：短视频社区开始商业化和生活化，为社区用户提供具有商业和生活属性的短视频平台	名称：技术的多场景应用 作用对象：首要/关联利益相关者 案例 A 数据：为其他社会学习者打造互联网学习平台。 案例 B 数据：为用户和相关机构提供具有专业知识和媒体资讯属性的短视频平台
职能管理机制	名称：内外部环境要求的响应 作用对象：首要利益相关者 案例 A 数据：响应国家扶贫政策，定义中小学生为教育扶贫的帮扶对象。 案例 B 数据：企业创始人定义公司为普通用户服务的使命和流量普惠价值观	名称：专职部门的设立 作用对象：关联利益相关者 案例 A 数据：设立部门与当地行政部门对接，并在各帮扶学校设置管理员形成管理体系。 案例 B 数据：成立社会价值研究中心，发布社会责任战略，促进相关领域人士的加入	名称：社会组织的对接 作用对象：首要/关联利益相关者 案例 A 数据：与当地教育部门和社会教育机构就南涧高层次教育的未来发展进行合作。 案例 B 数据：与社会机构和专业组织[政府、非政府组织（NGO）、国际组织等]建立更广泛的业务合作

结合企业利益相关者管理过程模型（见图 6-2），本研究还发现，在两个案例中，两种机制在不同阶段分别作用的利益相关者范围也不同——案例企业通过互联网技术在吸纳阶段就实现了从关联利益相关者到首要/关联利益相关者管理，这种作用范围扩大的速度领先于案例企业通过传统的职能管理

单一机制实现的利益相关者管理。Feldman 和 Orlikowski（2011）认为技术在组织中不仅是管理的实践载体（Agency），随着技术在组织实践中的不断应用所形成的特定技术结构（Technological Structure）还会对组织结果产生影响。结合文献和上述发现，本研究进一步提出，互联网技术是互联网企业实现价值统一路径的重要机制。相比于传统的职能管理机制来说，互联网技术机制可以帮助企业更快地实现从单一利益相关者到多方利益相关者的管理，促进了价值统一进程的实现。

6.4　本章小结

通过对两家企业的案例研究，本研究围绕"企业如何实现经济价值和社会价值的统一"有以下发现：利益相关者管理是企业实现共享价值的重要途径。本研究构建了企业实现共享价值的利益相关者管理过程模型，并提出企业管理利益相关者，从而实现共享价值应展现为一个行为过程，该过程分为识别、吸纳和协同三个行为阶段，阶段性结果分别对应利益相关者收益上升、企业运营成本降低或收益上升以及企业和利益相关者收益上升和成本降低，过程中企业的行为阶段和对应结果呈现出阶段性和递进性。

对已有关于企业和利益相关者的理论研究主要聚焦于讨论两者之间关系的内在价值和工具价值是否统一，即在不考虑结果的情况下，企业是否应该关注与利益相关者的关系。持"割裂"观点的学者认为组织研究中，单独讨论两者关系的内在价值并没有实际意义，应该侧重于工具属性进行探索，即内在价值仅是工具价值的正当性的一种支撑，并不能对工具价值及其结果产生显著影响（Freeman, 1999）；持"统一"观点的学者认为两者之间关系同时兼具工具属性和伦理属性，即内在价值和工具价值之间会存在相互影响、共同发展的关系，可作为企业管理利益相关者所产生的价值相提并论（Jones and Wicks, 1999）。所以，实现企业利益相关者理论发展的关键是能否发现利益相关者在企业创造工具价值和内在价值以及实现价值之间相互转化的角色和作用（Jones, Harrison and Felps, 2018）。而本研究的发现正是填补这一缺失，从企业的角度提炼了企业与利益相关者之间关系的内在价值和工具价值的产生过程、表现形式和统一机制等。本研究认为企业在业务层面为利益相关者创造内在价值（在本研究中表现为社会价值）是实现企业工具价值（在本研究中表现为经济价值）的必要条件，而企业在更高层面实现工具价值是企业实现两种价值统一，即共享价值的必要条件，这验证并发展了企业利益相关者理论"统一"一派的观点。

具体来说，本研究发现企业在开展业务时，无论其出发点是基于商业（经济价值）还是公益（社会价值），都可以通过相似的利益相关者管理过程实现共享价值。整个过程体现为企业基于业务对利益相关者的识别、吸纳和协同，对应实现的共享价值体现在企业和利益相关者的收益提升或／和成本降低、企业整体价值主张的综合化以及企业价值统一路径的阶段化。识别、吸纳和协同阶段对应的价值统一路径是企业创造社会价值、利益相关者创造经济价值、企业和利益相关者协同创造社会价值和经济价值。本研究认为，企业在识别和吸纳两个阶段的价值统一路径——从企业创造社会价值到利益相关者创造经济价值，说明了企业实现业务的经济价值，必须以实现针对业务的利益相关者的社会价值为前提，换句话说，利益相关者对企业的内在价值是企业实现工具价值的基础，这是前文提到的企业价值"存量"的实现。进一步，本研究认为，企业在协同阶段的价值统一路径——企业和多层次利益相关者共同创造经济价值和社会价值，则说明了企业在更大层面创造的经济价值是企业实现经济价值和社会价值统一的前提，换句话说，利益相关者对企业的工具价值，即业务关联的多层次利益相关者以及它们具备的（潜在）价值，是企业实现共享价值的基础，这是前文提到的企业价值"增量"的实现。

基于企业利益相关者理论，本研究提出协同阶段所体现的企业业务的社会化是企业实现"经济价值和社会价值统一"命题内涵的核心。企业价值统一的内涵体现在以下三个方面：一是企业实现经济价值和社会价值统一表现为一个行为过程，过程体现为企业识别、吸纳和协同利益相关者。二是价值统一的根本目标是基于企业和利益相关者之间关系的共享价值创造，其中具体路径是企业创造社会价值、利益相关者创造经济价值以及两者共同创造经济价值和社会价值。三是价值统一的核心是企业业务的社会化，即业务在协同阶段将涉及多层次的利益相关者并实现综合性的价值主张。

通过解构互联网企业利益相关者管理的价值统一路径，本研究发现互联网技术是互联网企业通过利益相关者管理实现价值统一的重要机制，实现价值统一的过程体现为互联网技术机制和职能管理机制的交织。按照识别、吸纳、协同三个阶段的顺序，互联网技术机制为技术能力的提升、技术功能的开放和技术的多场景应用，职能管理机制为内外部环境要求的响应、专职部门的设立和社会组织的对接。同时，针对两种机制在各阶段的作用对象，本研究还提出区别于传统的职能管理机制，互联网技术机制的作用体现在能够帮助企业更快地实现对多方利益相关者的管理。据此，本研究认为在一定程度上，互联网企业之所以能够成为实现价值统一的"先行者"，原因在于两种机制交织对企业价值统一路径中利益相关者管理进程的推动作用。这个发现对未来研究企业数字化转型和战略实施及其对应带来经济和社会影响提供了一个重要切入点（Adner and Kapoor, 2010; Adner, Puranam and Zhu, 2019），也为后序利益相关者理论在互联网情境的发展提供了关于企业利益相关者管理机制及其对企业结果的影响的新话题。

第 7 章
研究结论与讨论

7.1 研究结论

综合前面各部分研究工作，本书得出研究结论，在第 3.1 节提出的企业利益相关者管理过程框架成立。框架内关于企业识别利益相关者对企业 CSR 行为的影响、企业吸纳利益相关者对企业社会绩效的影响、企业协同利益相关者对企业整体价值的影响的理论命题得到了验证、深化和（部分）发展。

7.1.1 企业利益相关者管理对企业 CSR 行为的影响

在企业识别利益相关者部分，本书提出的理论命题是"识别是企业进行利益相关者管理的基础，企业对利益相关者的识别体现为同一目标下企业与利益相关者的动机是否一致。在动机一致的情况下，企业则识别对方为利益相关者，企业后序才可能响应其影响做出相应的 CSR 行为。"对应在实证研究部分（第 4 章），企业和利益相关者之间关系体现为处于同一连锁董事会网络中的焦点企业和同伴企业，已有的关于企业连锁董事会的理论研究（Shropshire, 2010），已经对焦点企业和同伴企业之间的相互影响导致某一类行为或实践在网络中扩散的现象进行了描述和分析。本书在第4章中进一步检验了不同的制度变革压力下,同伴企业自愿或被强制CSR披露行为对焦点企业后序自愿采纳CSR披露概率的影响差异,本书认为这种动机差异所导致的焦点企业在该情境下识别同伴企业为利益相关者的结果差异进而对CSR披露行为在网络中扩散的影响。

第4章的发现首先证实了已有理论的结论,即处于同一连锁董事会网络中的同伴企业是焦点企业的利益相关者(Shropshire, 2010),证据是同伴企业的CSR披露行为会对焦点企业后序采纳CSR披露行为的概率产生显著影响,这也确认第4章中关注的企业和利益相关者之间关系符合Freeman(1984)对企业利益相关者的定义。之后,本书在连锁董事会的网络层面和网络中企业之间的二元层面,根据同伴企业披露CSR报告所面临的不同制度变革压力(强制披露或自愿披露),将同伴企业对焦点企业的扩散影响分为对应的两类进行再检验。结果发现,焦点企业会根据同伴企业被强制或自愿披露CSR报告所来识别它们是否为自己在该情境下的利益相关者,进而做出是否采纳来自同伴企业CSR披露行为扩散的决策。具体来说,焦点企业将以相同动机(即自愿动机)追求同一目标(即披露CSR报告)的同伴企业视为该情境下的利益相关者,这在第4章中的实证结果表现为,在企业间二元关系层面,同伴企业的自愿CSR披露行为会对焦点企业后序采纳CSR披露的概率产生显著的正向影响,被强制披露CSR报告的同伴企业则对焦点企业后序采纳CSR披露的概率没有显著影响;在企业间集体关系层面,本书发现被强制披露CSR报告的同伴企业的数量越多,焦点企业后序采纳CSR披露的概率越小。

企业识别利益管理者及其影响是企业利益相关者管理过程的开端，已有研究相当丰富，主要聚焦于对"企业对谁进行利益相关者管理"的理论探讨，目前的进展主要有以下几个方面：首先，定义了企业利益相关者这一概念，即"可以影响企业目标或被其影响的任何群体或个人"（Freeman, 1984）；其次，对企业利益相关者进行了分类，包括依据其在企业内部的功能进行了分类，如Freeman（1984）提出的根据企业在生产过程（Production Process）和管理过程（Managerial Process）的相关主体，又如根据对企业的重要性分为首要／次要利益相关者（Primary/Secondary Stakeholder, Hillman and Kim, 2001; Greenwood, 2007），再如根据对企业的影响分为直接／间接利益相关者（Direct/indirect Stakeholder, Freeman, 1999; Vandekerckhove and Dentchev, 2005）以及根据企业边界分为内部／外部利益相关者（Internal/external Stakeholder, Freeman, 2010）。

这些丰富的理论设想一方面奠定了企业利益相关者管理的基础；另一方面也阻碍了学者们对企业识别利益相关者话题中存在的系统性变异进行实证检验，也即是说这些理论忽视了现实中企业与利益相关者之间关系的复杂性，因为排除法律法规等规定的利益相关者管理制度，企业其他自主决定的利益相关者管理行为还受到诸如利益相关者管理的成本和收益对比、企业拥有的其他替代性资源等种种因素的影响，缺乏实证检验的理论对企业在现实中精确识别利益相关者的指导意义较弱。

所以，第4章提出并检验企业识别利益相关者的机制以及识别结果对企业CSR行为的影响,这在企业识别利益相关者的已有进展上又进了一步。第4章提出企业识别利益相关者的标准是"以同一动机追求同一目标的企业或其他组织"。相比于从企业动机来看企业利益相关者管理行为的以往研究,例如Luo, Wang和Zhang(2017),第4章采用企业与利益相关者动机的一致性从企业与利益相关者互动的角度,更加清晰地展现了企业利益相关者管理作用于企业行为的机制,即企业需要识别对方是否为某情境下的利益相关者。所以,本书认为第4章实证检验了企业识别利益相关者——往往被已有实证研究作为假设前提的议题——是很有必要的,这也有助于解释企业自主利益相关者管理行为并不是在所有情境中都保持一致的现象(Jamali, 2008; Mitchell, Agle and Wood, 1997)。

综上,第4章的实证发现检验了本书提出的理论命题1,说明了企业可以通过主体与企业追求同一目标的动机一致性来识别对方是否为利益相关者,识别结果将影响企业后序实施CSR行为以应对利益相关者的概率。通过第4章的发现和结论,本书确认企业识别利益相关者对企业行为的影响是企业利益相关者管理过程框架的开端。

7.1.2　企业利益相关者管理对企业社会绩效的影响

在企业吸纳利益相关者部分,本书提出的理论命题是"在识别基础上,企业对利益相关者参与的吸纳体现为对应组织流程的建立,具备该组织过程的企业更可能实现企业社会绩效及其他潜在影响(例如社会绩效与财务绩效的相互转化)。"对应到实证部分,第5章检验了企业设立专职CSR部门——

作为一种吸纳利益相关者的组织流程,对企业社会绩效的影响,还检验了企业财务绩效和治理特征对该效应的影响。本书认为企业利益相关者管理组织流程的设立代表着利益相关者管理工作在企业内部的岗位化和职业化,体现了企业吸纳利益相关者参与日常经营管理作为管理职能的确立,这可以帮助企业利益相关者管理工作体现到企业绩效层面,尤其是企业社会绩效的实质性提升。

关于企业吸纳利益相关者的研究目前在领域中文献存量较大。这与本领域的历史渊源有关——企业利益相关者理论一个主要起源是 Freeman(1984),他所著书全称是 *Strategic Management in stakeholder approach*,即利益相关者视角下的战略管理。所以,企业吸纳利益相关者参与不仅被视为一种企业战略,相关话题包括战略 CSR〔Strategic CSR,请见综述王水嫩、胡珊珊、钱小军(2011)〕,企业政治战略中的 CSR(Political Strategy of CSR; Marquis and Raynard, 2015),还被视为一种企业能力(如 Barnett, 2007)。所以,企业吸纳利益相关者被战略学者作为研究企业利益相关者管理对企业绩效影响的重要对象,较为典型的就是探索企业社会绩效和财务绩效之间关系的"行善得福"研究视角(Falck and Heblich, 2007)。但是正如本书在第1.2.2节中所言,由于缺乏两种绩效之间的转化机制,该视角在因果关系上存在缺陷,其中很重要的一个原因是目前较缺乏关于企业社会绩效的前因研究,尤其体现在企业社会绩效在企业经营管理过程中对应的专业职能和工作部门并不明确,这导致企业无法清晰地评估社会绩效及其对企业目标的贡献,比如提升企业效率或合法性(Nason, Bacq and Gras, 2018)。

第 7 章 ｜ 研究结论与讨论

第 5 章提出和验证企业设立利益相关者管理相关的组织流程，即企业设立专职 CSR 部门，作为企业社会绩效的前因，同时本书还在第 5 章中检验了企业财务绩效和企业治理特征对这一关系的影响。结果显示，企业设立专职 CSR 部门对企业社会绩效的有着显著的正向作用，部门直接领导的层级差异还对该效应有着显著影响，即由高管直接领导的 CSR 部门对企业社会绩效的提升作用更加稳定。本书认为相比于中层领导，高管可以为自己领导的 CSR 部门提供更强有力的资源保障和治理优势，这些都保证了 CSR 部门工作顺利开展以及企业社会绩效的显著提升。

第 5 章还发现，企业财务情况和治理特征的变化对企业成立 CSR 部门与企业社会绩效之间关系产生显著影响。总体来说，企业财务绩效越好或资产风险越低，企业成立 CSR 部门对企业社会绩效积极影响就越大，反之越小。企业董事会规模越大或受关注程度越低，企业成立 CSR 部门对企业社会绩效积极影响就越大，反之越小。相比于中层领导，高管直接领导的 CSR 部门对企业社会绩效的提升作用在上述情境的变化中显得更加稳健。而中层经理领导的 CSR 部门对企业社会绩效的提升作用可能在某些相对特殊的治理条件下（例如，董事会规模较小）失灵。据此，本书认为企业吸纳利益相关者参与日常经营管理中对企业绩效的影响体现为一种企业治理和管理自由度相结合的效应。

综上，第 5 章的实证发现检验了本书提出的命题 2，说明了企业吸纳利益相关者参与是通过建立专业的组织流程，进而对企业社会绩效产生影响。通过第 5 章的发现和结论，本书确认企业吸纳利益相关者是识别利益相关者的下一阶段，其影响范畴从企业行为层面扩展至企业绩效层面。

7.1.3 企业利益相关者管理对企业整体价值的影响

在企业协同利益相关者部分，本书提出的理论命题是"基于识别和吸纳阶段，企业协同利益相关者体现为企业基于公司层面的利益相关者管理进而对更高层面（例如社会层面）的利益相关者群体产生影响，实现了从单一利益相关者管理到多层次利益相关者治理的企业更可能实现企业整体价值的提升和在经济、社会方面的统一。"对应到子研究，第6章选择了"企业如何实现经济价值和社会价值统一"这一具有深刻现实需求的话题作为研究问题，通过归纳和演绎相结合的案例研究方法建构企业实现共享价值的利益相关者管理过程模型，尝试解决企业利益相关者理论现有争论，促进整体化的企业利益相关者理论的提出和发展。

第6章中的企业与利益相关者之间关系体现为企业业务的直接受众（首要利益相关者），和直接受众在业务情境中的利益相关者（关联利益相关者）。本书认为，企业可以通过利益相关者管理实现经济价值和社会价值的统一，这个企业利益相关者管理过程体现为企业在开展共享价值业务过程中对首要利益相关者和关联利益相关者的识别、吸纳和协同（企业实现共享价值的利益相关者管理过程模型），其中企业协同利益相关者是实现企业价值统一的关键。

第6章聚焦于探索企业利益相关者管理对于企业整体价值的影响。该话题在企业利益相关者理论发展过程一直备受争议，具有代表性的是关于利益相关者对企业意味着内在价值还是工具价值，以Jones和Wicks（1999）为代表的"统一"观点提出利益相关者对企业意味着内在价值和工具价值，两者相互影响，而以Freeman（1999）为代表的"割裂"观点提出利益相关者对企业仅意味着内在价值，是企业正当性的体现，对企业的工具价值没有影响。要想解决这一争论，此处还需要引入企业价值理论，对企业整体价值在企业中的变化和表现进行辨析。

基于刘淑莲（2004）提出的两种主流企业整体价值视角——"财务观"和"经营观"，本书认为已有企业利益相关者理论关于企业整体价值的讨论主要聚焦企业的财务价值，即以企业的各项财务指标和综合财务绩效为价值表征，侧重于通过企业产权（如股权、债权）运作实现企业整体价值增长[①]。但是，围绕实现股东利益最大化的目标下，企业会不遗余力地追求高收益率的财务绩效，强调税后利润，而这种情境下的企业的利益相关者管理工作一方面对企业财务绩效的贡献不够直接；另一方面短期内还可能产生额外的成本，乃至对企业财务绩效产生负面影响，这两个矛盾也导致了前文提到的学者们对企业利益相关者对企业价值的影响的争论。这种争论也衍生出后续"行善得福"视角下关于企业社会绩效和财务绩效之间关系的实证研究，它们试图从某个侧面验证企业利益相关者管理对企业财务绩效的影响以确认企业利益相关者在企业价值中扮演的角色，但是至今尚未取得基于实证结果的理论共识（Awaysheh, Heron, Perry et al., 2020）。

[①] 本书认为这种视角的选择也跟最初提出企业利益相关者理论的学者多来自企业战略领域有关。

所以，本书在第6章中采取了经营观视角来衡量企业利益相关者管理对企业整体价值的影响，即以企业的市场、业务、产品、运营等经营指标作为企业整体价值的表征，强调企业通过利益相关者管理实现的资产增值，如市场份额扩大、产品设计改良、运营成本降低等。第6章的发现捕捉到企业整体价值随着企业利益相关者管理过程的深入所产生的变化——随着识别、吸纳、协同阶段的深入，企业为自身和利益相关者都创造了价值。整个过程体现为企业为利益相关者创造社会价值、利益相关者为企业创造经济价值、企业为自身和利益相关者创造经济价值和社会价值。企业在协同阶段实现了"经济价值和社会价值的统一"。

之所以企业能够在协同阶段实现经济价值和社会价值的统一，是因为企业在协同阶段实现了业务社会化，即企业通过业务层面的利益相关者管理影响社会层面的利益相关者群体，此处的"社会化"本质上是指企业的价值及价值活动的影响范围随着企业利益相关者管理层次的提升而不断扩大，从企业业务层面的利益相关者上升到社会层面的利益相关者（群体）。企业业务社会化正是本书第3.1.3节的命题3中提出的企业治理社会化程度的一种体现，也是企业利益相关者管理影响企业整体价值的一种理论机制。

综上，第6章通过描述和归纳案例企业的管理实践，并结合与已有理论的相互印证，证明和发展了本书的理论命题3。第6章的发现和结论说明企业可以通过识别、吸纳和协同利益相关者实现企业的共享价值，企业会在协同阶段实现企业整体价值在经济和社会方面的统一，其中涉及对企业业务层面和社会层面的多方利益相关者的管理。

7.2 研究贡献

7.2.1 对企业利益相关者领域的贡献

本书提出的企业利益相关者管理过程框架是对企业利益相关者领域的理论研判，在梳理已有研究进展的基础上提出尚待解决的问题和未来亟待发展的方向。自Freeman（1984）以来，企业利益相关者领域在中西方管理学科之中蓬勃发展，从单一的企业利益相关者到近年来出现的企业利益相关者"整体化"趋势，涌现出大量的概念、现象、理论和实证研究。正如本书第1.1节所言，目前我国的经济社会发展阶段已经进入一个新时期，企业与社会之间的关系正发生着深刻的改变。至此，企业利益相关者领域需要进行系统的理论研究工作以明确企业与利益相关者之间关系的整体逻辑、潜在影响和作用机制。这不仅是为了研究工作在未来的延续，更是为了学界在未来可以基于我国经济社会发展的特点开发本土企业利益相关者管理理论，更好地指导我国企业管理实践。

本书还观察到，利益相关者视角在我国学术界已经从管理学科扩散到其他学科和领域，例如经济学者已经开始对上市公司与资本市场中的整体利益相关者互动及其影响进行讨论（倪骁然，2020）；教育学者对高校社会责任的讨论（李旋旗、陈文联，2020）；农业学者对乡村等基层组织相关制度实施效果的讨论（张元朋、赵鹏、刘华，2021）；医疗卫生学者对医院治理协同问题的讨论（姚中进、董燕，2021）；这说明"企业"利益相关者领域的相关发现和结论开始向"组织"范畴扩展，这也进一步说明了本书对企业利益相关者领域进行理论研究和研判的必要性——一方面明确已有结论和发现所涉及的情境和起作用的边界，为理论结果在其他组织中的应用提供参考；另一方面，未来可以对企业与其他组织的利益相关者研究进行对比和分类，通过探索两者在同一问题上机制和结果的异同，发掘潜在的理论发展机会。

7.2.2　对企业利益相关者理论的贡献

本书的子研究发现和结论验证、完善和发展了企业利益相关者理论。此处的企业利益相关者理论其实是一个"理论集合"——按照字面意思翻译的企业利益相关者理论由 Donaldson 和 Preston（1995）提出，主要阐述了利益相关者对企业所产生的经济和社会性影响。结合 Freeman（1984）提出的企业战略管理的利益相关者视角，管理学基于组织理论和组织行为范式发展出企业工具性利益相关者理论（Jones, 1995; Jones, Harrison and Felps, 2018）以及理论的统一观点（Jones and Wicks, 1999）和割裂观点（Freeman, 1999）。

本书在验证和完善已有理论的同时，还解决了已有理论关于企业利益相关者管理对企业价值影响的争论。本书在第 6 章中发现，利益相关者在企业创造工具价值和内在价值中均有关键作用，两种作用会相互影响，促进企业实现价值统一。换句话说，利益相关者既是企业价值的"存量"，也是企业价值的"增量",而实现"增量"的关键是企业协同利益相关者。这些发现丰富了学界对企业利益相关者管理与企业价值之间关系的理解,也进一步推动了企业利益相关者理论"整体化"趋势——企业利益相关者管理从对特定主体的管理(Specific Stakeholder Strategy)演变为对多层次利益相关者的功能性管理(Utilitarian Strategy),目标从某一方利益相关者与企业的利益最大化扩展到多方利益相关者乃至社会与企业的利益最大化(Freeman, 2010)。

本书的研究发现和结论还对其他学科的相关理论有贡献。除了管理学,会计学和金融学围绕企业市值管理议题发展出开明利益相关者理论(Enlightened Stakeholder Theory; Jensen, 2001),这是基于企业价值范式看待企业与利益相关者之间关系的基础理论之一[①]。Jensen(2001)明确提出该理论旨在证明"企业通过利益相关者管理实现长期意义上的市值最大化",但是由于该研究并未给出对应的企业利益相关者管理模式与企业价值管理模式,所以遭到了很多批评(翁世淳,2010)。营销学也围绕企业价值议题提出企业价值共创理论(Value co-creation; Vargo and Lusch, 2004; Prahalad and Ramaswamy, 2004),该理论强调企业的价值创造活动本质上是与利益相关者,尤其是客户的二元关系互动(Grönroos and Ravald, 2011; 杨学成和涂科,2017;吴瑶、肖静华、谢康等,2017)。本书在第6章中关于企业实现共享价值的利益相关者管理过程模型的提出,一方面为开明利益相关者理论补充了

---

① 迄今为止,Jensen(2001)在 Google 学术的引用次数高达 2735 次。

"企业如何通过利益相关者管理影响企业价值"这一具体的实现路径（即企业识别、吸纳、协同利益相关者的过程）；另一方面也将企业价值共创理论中的企业价值创造活动中企业与顾客的二元互动关系扩展至企业与业务中首要利益相关者和关联利益相关者的多元互动关系，提升了企业与利益相关者关系的理论化程度和对不同情境的解释力。

7.2.3 对其他相关领域、研究的贡献

除了对利益相关者理论本身的贡献，本书的研究发现和结论还对应用利益相关者理论/视角的其他领域研究有启发，主要体现在为学界探索企业与利益相关者之间关系和影响的研究刻画了一个整体框架，明确了其他领域内研究的理论定位、理论进展以及未来方向。

例如在商业模式领域，已有研究形成了明确的利益相关者理论分析导向（如邢小强、仝允桓和陈晓鹏，2011；魏炜、朱武祥和林桂平，2012；张茜、李靖宇、饶佳艺等，2015），它们都希望通过对企业和利益相关者之间关系和影响的分析提炼企业商业模式的结构、特征和潜在价值。现有关于商业模式的研究多数仍基于个体案例企业的研究，在缺乏整体分析框架的背景下，各研究结果之间的共性和个性并不能统一衡量，往往难以辨析各自的理论贡献和实践启示，这阻碍了该领域的理论积累。所以，本书的研究发现和结论为商业模式领域的研究提供了一个"标尺"，进一步明晰了企业与利益相关者之间关系的管理过程、关键环节和对应价值，为后续研究的理论发展路径提供了参考。

又如在企业社会责任和企业可持续发展领域，两者研究的中心议题均是企业与社会之间关系，在研究问题和研究现象等多个方面均有交叉。但是随着企业社会责任领域的不断发展，企业可持续发展作为一个独立领域的研究身份（Research Identity）似乎正在被削弱，或者说随着超越传统认知中的企业和社会之间边界的现象出现（如全球气候变化背景下企业的碳排放问题），各界人士更愿意将两者混为一谈，例如很多上市公司并不区分"CSR披露"和"可持续发展披露"、监管部门近年来倡导企业在非财务披露中采用的ESG框架并未明确"企业可持续发展"在其中的角色。上述观点是否意味着学界在未来就不需要深入区别和讨论其中某一方了呢？Bansal和Song（2017）就对两个领域进行了系统的理论分析，得出了"相似却并不相同"（Similar But Not the Same）的结论。

该研究认为，两个领域都属于企业战略层次的话题，都试图描述、解释和预测组织行为和市场规律，都关注企业和其他利益相关者的关系和共同发展，也以多层次的绩效作为企业与利益相关者之间影响的判断标准。但是，企业社会责任领域的基本视角基于社会伦理的规范视角（Normative Paradigm），出发点在于探索"什么是对的"或"我们应该做什么"。其关注对象是企业本身，判断标准则是是否符合自身及利益相关者的利益。企业可持续发展领域则是基于系统视角，以探索"这是什么"为出发点，是一种自然科学式的，带有描述性质的研究范式。它关注整个系统的变化，包括商业系统、社会系统以及自然环境系统等。它的判断标准是"是否符合整个系统的未来发展趋势"。

所以，围绕企业利益相关者管理这一同时涉及企业社会责任和企业可持续发展两个领域的话题，本书一定程度上呈现了一个更贴合企业可持续发展研究范式的研究工作：企业社会责任领域执着于论证企业通过履行社会责任，与利益相关者形成（直接或间接的）互惠关系，从而获得经济回报，想以此说明企业"应该"履行社会责任。与此不同的是，本书基于现实需求和理论进展，探索、验证和发展了企业利益相关者管理所产生的客观影响，以此说明了企业当下进行利益相关者管理必要性。另外，本书还将企业环境中涌现的社会议题（Social Issue）纳入考虑，例如移动互联网技术和企业数字化趋势的兴起，刻画了它对企业与利益相关者之间互动的塑造作用，以此说明了企业在未来应"如何"管理利益相关者及其产生的影响。所以，在某种意义上，本书也是提升企业可持续发展领域的研究身份的一次有益尝试。

7.3 研究启示

7.3.1 社会政策启示

本书的发现和结论对我国企业监管部门（如国资委、中国证监会）具有一定的政策启示。正如本书在第1.1节提到的，企业实施利益相关者管理是目前我国发展阶段的客观要求，也是国家实施相关战略的重要助力。本书构建的企业利益相关者管理过程框架，即企业识别、吸纳和协同对企业CSR行为、社会绩效和企业整体价值的影响，提供了一个促进企业履行社会责任、创造社会价值政策的顶层设计。

（1）在鼓励企业披露CSR报告方面

本书的第4章发现目前在A股市场实施的上市公司"强制+自愿"相结合的CSR披露政策使得分属于两个板块的企业在披露CSR报告时源自不同的制度变革动机，即强制动机或自愿动机。而披露CSR报告的企业动机决定了焦点企业是否采纳来自同伴企业披露行为的扩散影响，即在同一个连锁董事会的企业间，同伴企业被强制CSR披露行为的扩散影响对属于自愿披露的目标企业的披露CSR行为并不显著。

上述研究发现表明，目前的A股市场中，被强制披露CSR报告的企业对企业自愿披露CSR报告产生的"示范作用"并不显著，甚至在一些情境下还会抑制企业自愿披露CSR报告。这个反直觉的发现一方面对已有相关研究（韩洁、田高良、李留闯，2015）的结论进行了深化和修正；另一方面也为企业监管部门未来完善我国资本市场中企业CSR相关披露政策提供了参考——目前在A股市场实施的上市公司CSR披露政策是"自愿为主，强制为辅"，仅有4个板块指数不到500家上市公司属于强制披露，其他均为自愿披露。所以，国家监管部门未来要想促进上市公司更大规模地披露CSR报告，根据本书的发现有两条政策路径：设置激励性政策，鼓励企业自愿披露CSR报告以此发挥企业间的相互"带动作用"或逐步对其他板块的A股上市公司推行强制披露CSR报告的政策要求。

（2）在要求企业将CSR理念融入日常经营管理方面

本书的第5章发现企业将利益相关者管理作为一种管理职能——设立专

职CSR部门，对企业社会绩效有显著提升。第5章还发现，企业财务绩效和治理特征会显著影响该效应，而且相比于中层领导，高管直接领导的CSR部门对企业社会绩效的提升作用在企业财务和治理特征的变化中更加稳定，中层领导的CSR部门可能在某些治理情境中失灵。

上述研究发现为企业监管部门近年来颁布的关于上市公司责任治理政策要求提供了组织流程角度的落地路径：2021年，证监会颁布了新版《上市公司信息披露管理办法》，进一步提升了对上市公司面向利益相关者实现透明化治理的要求；2018年，证监会颁布新版《上市公司治理准则》，其中明确要求上市公司围绕ESG框架将社会责任理念融入公司治理；2016年，国资委颁布《关于国有企业更好履行社会责任的指导意见》也强调了完善国企CSR治理的重要性。企业确立CSR治理的一个重要表现就是在治理结构中设立专职CSR部门以及对应岗位。所以，在企业履行社会责任尚未获得普遍共识并实现无缝融入日常业务的情况下，要实现上市公司社会绩效的持续提升，其中一个重要途径就是建立和完善以专职CSR部门为核心的公司CSR治理体系。

（3）在促进企业实现经济价值和社会价值统一方面

本书第6章的发现阐释了国家近年来一再强调的"企业实现经济效益和社会效益统一"政策。通过将该话题理论化为企业实现共享价值（经济价值和社会价值的统一），第6章发现企业实现价值统一的内涵有三个方面：一是企业可以通过利益相关者管理实现经济价值和社会价值统一，这个管理过程体现为企业识别、吸纳和协同利益相关者。二是价值统一的根本目标是基于企业和利益相关者之间关系的企业共享价值创造,创造路径是企业创造社会价值、利益相关者创造经济价值以及两者共同创造经济价值和社会价值。三是企业实现价值统一的关键是企业协同利益相关者实现的企业业务的社会化,企业在该阶段将同时管理多层次的利益相关者(群体),通过社会化企业对利益相关者的权力、责任和利益,实现企业经济效益和社会效益的统一。

本书在第6章的发现响应了国家关于"企业实现经济效益和社会效益统一"的号召:习近平总书记在2016年和2018年的全国网络安全和信息化工作会议上两次强调"(互联网)企业发展要坚持经济效益和社会效益相统一";2015年,中共中央办公厅、国务院办公厅正式印发了《关于推动国有文化企业把社会效益放在首位、实现社会效益和经济效益相统一的指导意见》。本书的研究发现为企业方提供了实施上述政策倡议的路径,包括企业利益相关者管理的过程、步骤和企业在各阶段的价值路径。

7.3.2 企业实践启示

本书的发现对企业实施利益相关者管理的实践也有贡献。本书在第3.1节中提出的企业利益相关者管理过程框架既是对企业与利益相关者之间关系的理论总结,也是在成熟的企业利益相关者管理模式(战略)基础上的提炼和创新。同时本书还通过第4章、第5章和第6章证明了该框架涉及的企业利益相关者管理过程及其所产生的影响。

本书认为,成熟企业需要在公司治理的框架下健全和完善企业利益相关者管理的工作和职能，包括定期披露社会责任报告和建立利益相关者工作的组织流程（如专职的CSR部门），使得企业具备在不同情境下识别利益相关者的能力以及吸纳利益相关者参与企业日常经营活动中的渠道，提升企业的CSR行为和社会绩效。

对于新兴互联网（平台）企业来说，由于它们的组织形式、治理模式和商业模式不同于其他企业，使得它们自诞生伊始就是社会公众眼中"瓷器店里的大象"，其生产经营活动及其造成的影响容易引发争议。所以，除了完善企业社会责任相关的管理职能，互联网企业必须充分发挥自身具备的互联网技术优势，有节奏地做好自身能力建设，包括互联网技术的提升、功能开放以及多场景应用，一方面加快自身实现经济价值和社会价值统一的进程；另一方面探索社会潜在的发展机会，例如赋能个人、其他组织及社会的数字化转型（陈国青、曾大军、卫强等，2020）。

对于尝试数字化转型的企业来说，面对未来更加复杂和快速变革的数字化情境，企业应该关注互联网／数字化技术在业务中的应用和产生的作用，从而明确自身应采取的利益相关者管理战略和所处的创造价值阶段和对应价值属性，同时还需要形成一套与之配合的职能管理能力形成两种能力交织，从而推动利益相关者管理的价值统一进程。同时，企业实现价值统一的关键是企业业务的社会化。它在实践中表现为业务的价值属性共享化、价值主张多样化以及利益相关者多层次化，这要求尝试数字化转型的企业需要在业务规划、开展和推广的时候对现有和潜在更高层面的利益相关者进行预判和提前管理。

7.4 研究的局限和未来方向

企业利益相关者领域及其相关领域的理论和实证研究在未来有着广阔的发展空间，本书认为将沿着以下方向继续探索。

第一，本书目前尚不能实现使用一套定量数据来验证整个企业利益相关者管理过程框架。使用一套数据整体验证框架的意义在于进一步确认框架的整体理论逻辑是否能够准确地解释相关管理实践，以及探索企业利益相关者管理过程框架的影响边界和可能蕴含的其他效应。由于该框架涉及的研究话题和理论关系较多，复杂度较高。所以，蕴含上述过程且具备一定时间序列的企业数据尚待积累和发掘。另外，由于框架中议题之间的研究进展不同，部分概念还没有成熟的测量工具，理论关系的潜在替代性解释的讨论也还不够充分，希望通过理论和实践的进步使得研究者能够在未来全面实现关于框架的实证研究设计，正如Freeman（2010）提出，面对企业与社会之间日益密切的关系，企业利益相关者的利益也将成为企业目标的一部分，企业管理者也将成为企业利益相关者的受托人（fiduciary），对其负责，就像他们以往处理与企业股东和企业所有者之间关系一样。未来若能实现使用一套定量数据验证整个框架，那么框架和验证结果就是企业管理者建立利益相关者管理体系的"整体解决方案"。

第二，本书的企业利益相关者管理过程框架在未来的实证研究中可以进一步丰富和细化。目前该框架包括企业识别、协同和协同利益相关者对企业行为、绩效和价值的影响。本书的子研究是选取了包含对应理论关系的现实情境进行验证——第4章选取的是在连锁董事会网络中的企业间"扩散—采纳"企业CSR披露这一实践作为实证情境；第5章选取的是企业成立专职的CSR部门作为实证情境；第6章则选取了企业实现经济效益和社会效益统一作为实证情境。随着本书在第1.1节中提出的大背景不断发展，未来相关领域将涌现出大量的管理实践创新和新的应用场景，所以，后续研究可以在新情境中跟踪验证框架中的理论关系，持续强化、完善和修正框架，始终保持理论对现实的高度解释力和指导性。

第三，未来可以对企业利益相关者管理与企业整体价值之间关系开展对比研究和分类研究。本书认为，企业利益相关者管理对企业价值的影响是企业利益相关者理论的未来发展方向，是理论"整体化"趋势的一条重要线索（见第2.1.4节）。本书的第6章证明了上述研判。该研究描述了企业识别、吸纳和协同利益相关者对企业实现共享价值的影响过程，发展了企业实现共享价值的利益相关者管理过程模型。该研究认为，企业会在协同阶段实现企业经济价值和社会价值的统一，互联网企业在价值实现路径中有两个机制起作用——互联网技术和职能管理。据此，本书提出互联网技术是互联网企业在实现价值统一情境过程中的独特机制，实施数字化转型的企业群体也可能具备。这个观点还有待更加深入的分析和探索，例如，互联网技术在企业生产经营中的表现形式、应用范畴，企业数字化转型的程度和衡量指标等。所以，将上述发现在不同行业企业中的变现进行分类是未来研究的首要工作，这种研究设计既能够进一步提升理论的信度以得出更加稳健的因果关系，也可以提升理论的外部效度，丰富和扩展理论应用的主体和情境。

参考文献

[1] 北京：引入互联网企业参与社会治理 政府公共服务搭上"互联网"快车[EB/OL].北京日报网，2016-05-26.

[2] 陈国青,曾大军,卫强,等.大数据环境下的决策范式转变与使能创新[J].管理世界,2020,36(02):95-105+220.

[3] 陈宏辉,贾生华.企业利益相关者的利益协调与公司治理的平衡原理[J].中国工业经济,2005(08):114-121.

[4] 陈晓萍,徐淑英,樊景立.组织与管理研究的实证方法[M].2版.北京：北京大学出版社,2012.

[5] 崔之元.美国二十九个州公司法变革的理论背景[J].经济研究,1996(04):35-40+60.

[6] 樊纲,王小鲁,马光荣.中国市场化进程对经济增长的贡献[J].经济研究,2011,46(09):4-16.

[7] 樊纲,王小鲁,张立文,等.中国各地区市场化相对进程报告[J].经济研究,2003(03):9-18+89.

[8] 雷递.快手最快下周递交招股书,传寻求估值500亿美元,腾讯加持[EB/OL].凤凰网，2020-11-01.

[9] 冯丽艳,肖翔,程小可.社会责任对企业风险的影响效应——基于我国

经济环境的分析[J].南开管理评论,2016,19(06):141-154.

[10] 高汉祥,郑济孝.公司治理与企业社会责任:同源、分流与融合[J].会计研究,2010(06):32-36+95.

[11] 郭沛源,于永达.公私合作实践企业社会责任——以中国光彩事业扶贫项目为案例[J].管理世界,2006(04):41-47+171.

[12] 国务院新闻.2013年我国移动互联网经济规模超千亿元 移动网民5亿人[EB/OL]. 2014-05-15.

[13] 高勇强,陈亚静,张云均."红领巾"还是"绿领巾":民营企业慈善捐赠动机研究[J].管理世界,2012(08):106-114+146.

[14] 韩洁,田高良,李留闯.连锁董事与社会责任报告披露:基于组织间模仿视角[J].管理科学,2015,28(01):18-31.

[15] 何金花,田志龙.多重反对型利益相关者行为视角下的政治敏感型海外投资微观政治风险研究[J].管理学报,2018,15(12):1772-1780.

[16] 马蔚华:企业应实现经济效益与社会价值的统一[EB/OL].经济参考报网站,2020-01-07.

[17] 蒋立哲.对话 | 被缅甸搁置的密松水电站负责人:中企勿再"多做少说"[EB/OL].澎湃网,2015-04-17.

[18] 贾生华,陈宏辉.利益相关者的界定方法述评[J].外国经济与管理,2002(05):13-18.

[19] 快手研究院.被看见的力量 快手是什么[M].北京:中信出版社,2020.

[20] [美]理查德·斯科特,杰拉尔德·戴维斯.组织理论:理性、自然与开放系统的视角[M].高俊山,译.北京:中国人民大学出版社,2011.

[21] 罗家德.社会网分析讲义[M].北京：社会科学出版社，2010.

[22] 李四海,陈旋,宋献中.穷人的慷慨:一个战略性动机的研究[J].管理世界,2016(05):116-127+140.

[23] 李旋旗,陈文联.民办高校社会责任的失范行为与治理路径[J].中国高教研究,2020(12):28-33.

[24] 刘淑莲.企业价值评估与价值创造战略研究——两种价值模式与六大驱动因素[J].会计研究,2004(09):67-71.

[25] 刘玉敏.我国上市公司董事会效率与公司绩效的实证研究[J].南开管理评论,2006(01):84-90.

[26] 倪骁然.卖空压力、风险防范与产品市场表现:企业利益相关者的视角[J].经济研究,2020,55(05):183-198.

[27] 权小锋,吴世农,尹洪英.企业社会责任与股价崩盘风险:"价值利器"或"自利工具"？[J].经济研究,2015,50(11):49-64.

[28] 钱小军,龚洋冉,张佳音.互联网平台企业的社会责任为什么重要[J].清华管理评论,2020(12):76-79.

[29] 沈洪涛,黄珍,郭肪汝.告白还是辩白——企业环境表现与环境信息披露关系研究[J].南开管理评论,2014,17(02):56-63+73.

[30] 36氪.互联网四大天坑：社交、短视频、搜索、教育[EB/OL].(2020-04-09).

[31] 田高良,封华,于忠泊.资本市场中媒体的公司治理角色研究[J].会计研究,2016(06):21-29+94.

[32] 王红丽,崔晓明.你第一时间选对核心利益相关者了吗？[J].管理世界,2013(12):133-144+188.

[33] 王鹤丽,童立.企业社会责任：研究综述及对未来研究的启示[J].管理学季刊,2020(03):1-15.

[34] 王雪冬,董大海.商业模式创新概念研究述评与展望[J].外国经济与管理,2013,35(11):29-36+81.

[35] 魏炜,朱武祥,林桂平.基于利益相关者交易结构的商业模式理论[J].管理世界,2012(12):125-131.

[36] 翁世淳.从价值创造到市值管理:价值管理理论变迁研究评述[J].会计研究,2010(04):74-81+96.

[37] 吴瑶,肖静华,谢康,等.从价值提供到价值共创的营销转型——企业与消费者协同演化视角的双案例研究[J].管理世界,2017(04):138-157.

[38] 肖红军.共享价值式企业社会责任范式的反思与超越[J].管理世界,2020,36(05):87-115+133+13.

[39] 新华社.习近平在网信工作座谈会上的讲话[EB/OL].中华人民共和国中央人民政府网，2016-04-25.

[40] 新浪财经.达沃斯年会主推利益相关者理念：企业应超越股东利益[EB/OL].新浪网，2020-01-15.

[41] 新浪财经.快手暴涨8%市值突破2000亿美元 一举超越建行跻身港股第七大公司[EB/OL].新浪网，2020-02-10.

[42] 邢小强,仝允桓,陈晓鹏.金字塔底层市场的商业模式:一个多案例研究[J].管理世界,2011(10):108-124+188.

[43] 闫海洲,陈百助.气候变化、环境规制与公司碳排放信息披露的价值[J].金融研究,2017(06):142-158.

[44] 杨瑞龙,周业安.一个关于企业所有权安排的规范性分析框架及

其理论含义———兼评张维迎、周其仁及崔之元的一些观点[J].经济研究,1997(01):12-22.

[45] 杨瑞龙,周业安.相机治理与国有企业监控[J].中国社会科学,1998(03):4-17.

[46] 杨瑞龙,周业安.企业的利益相关者理论及其应用[M].北京:经济科学出版社,2000.

[47] 杨学成,涂科.出行共享中的用户价值共创机理——基于优步的案例研究[J].管理世界,2017(08):154-169.

[48] 姚中进,董燕.医联体建设中的利益协调困境及协同治理机制研究[J].中国医院管理,2021,41(01):15-18.

[49] 俞庆进,张兵.投资者有限关注与股票收益——以百度指数作为关注度的一项实证研究[J].金融研究,2012(08):152-165.

[50] 应千伟,呙昊婧,邓可斌.媒体关注的市场压力效应及其传导机制[J].管理科学学报,2017,20(04):32-49.

[51] 赵辉,田志龙.伙伴关系、结构嵌入与绩效:对公益性CSR项目实施的多案例研究[J].管理世界,2014(06):142-156.

[52] 张建君.外企捐款的驱动因素:一个两阶段制度模型[J].管理世界,2011(07):98-112.

[53] 赵晶,王明.利益相关者、非正式参与和公司治理——基于雷士照明的案例研究[J].管理世界,2016(04):138-149+167.

[54] 郑琴琴,陆亚东."随波逐流"还是"战略选择":企业社会责任的响应机制研究[J].南开管理评论,2018,21(04):169-181.

[55] 张茜,李靖宇,饶佳艺,等.基于利益相关者分析"女神的新衣":如何

构建TV+商业模式[J].管理评论,2015,27(08):234-241.

[56] 周其仁.市场里的企业:一个人力资本与非人力资本的特别合约[J].经济研究,1996(06):71-80.

[57] 张维迎.所有制、治理结构及委托—代理关系——兼评崔之元和周其仁的一些观点[J].经济研究,1996(09):3-15+53.

[58] 张元朋,赵鹏,刘华.宅基地有偿使用制度实施效果差异及原因诊断研究——基于利益相关者视角[J].农业经济问题,2021(02):14-25.

[59] 张宗新,季雷.公司购并利益相关者的利益均衡吗?——基于公司购并动因的风险溢价套利分析[J].经济研究,2003(06):30-37+94.

[60] 张宗新,张晓荣,廖士光.上市公司自愿性信息披露行为有效吗?——基于1998—2003年中国证券市场的检验[J].经济学(季刊),2005(01):369-386.

[61] Ackoff, R. Redesigning the Future[M]. New York: John Wiley and Sons, 1974.

[62] Adler P S, Kwon S W. The Mutation of Professionalism as a Contested Diffusion Process: Clinical Guidelines as Carriers of Institutional Change in Medicine[J]. Journal of Management Studies, 2013, 50(5): 930-962.

[63] Adner R, Kapoor R. Value Creation in Innovation Ecosystems: How the Structure of Technological Interdependence Affects Firm Performance in New Technology Generations[J]. Strategic Management Journal, 2010, 31(3): 306-333.

[64] Adner R, Puranam P, Zhu F. What is Different about Digital Strategy? From Quantitative to Qualitative Change[J]. Strategy Science, 2019, 4(4): 253-261.

[65] Ansari S M, Fiss P C, Zajac E J. Made to Fit: How Practices Vary as They Diffuse[J]. Academy of Management Review, 2010, 35(1): 67-92.

[66] Awaysheh A, Heron R A, Perry T, et al. On the Relation Between Corporate Social Responsibility and Financial Performance[J]. Strategic Management Journal, 2020, 41(6): 965−987.

[67] Bansal P, Roth K. Why Companies go Green: A Model of Ecological Responsiveness[J]. Academy of Management Journal, 2000, 43(4): 717−736.

[68] Bansal P. Evolving Sustainably: A longitudinal Study of Corporate Sustainable Development[J]. Strategic Management Journal, 2005, 26(3): 197−218.

[69] Bansal P, Song H C. Similar But Not the Same: Differentiating Corporate Sustainability From Corporate Responsibility[J]. Academy of Management Annals, 2017, 11(1): 105−149.

[70] Basu K, Palazzo G. Corporate Social Responsibility: A Process Model of Sensemaking[J]. Academy of Management Review, 2008, 33(1): 122−136.

[71] Barnett M L. Stakeholder Influence Capacity and the Variability of Financial Returns to Corporate Social Responsibility[J]. Academy of Management Review, 2007, 32(3): 794−816.

[72] Barnett M L, Salomon R M. Does it Pay to be Really Good? Addressing the Shape of the Relationship Between Social and Financial Performance[J]. Strategic Management Journal, 2012, 33(11): 1304−1320.

[73] Bloomberg. Bloomberg for Environmental, Social and Governance Analysis[EB/OL]. 2021−03−01.

[74] Box-Steffensmeier J M, Jones B S. Event History Modeling: A Guide for Social Scientists[M]. Cambridge：Cambridge University Press, 2004.

[75] Brammer S, Millington A. Does it Pay to be Different? An Analysis of

the Relationship Between Corporate Social and Financial Performance[J]. Strategic Management Journal, 2008, 29(12): 1325-1343.

[76] Broström G, Holmberg H. Generalized Linear Models With Clustered Data: Fixed and Random Effects Models[J]. Computational Statistics and Data Analysis, 2011, 55(12): 3123-3134.

[77] Burt R S. Social Contagion and Innovation: Cohesion Versus Structural Equivalence[J]. American Journal of Sociology, 1987, 92(6): 1287-1335.

[78] Campbell J L. Why Would Corporations Behave in Socially Responsible Ways? An Institutional Theory of Corporate Social Responsibility[J]. Academy of Management Review, 2007, 32(3): 946-967.

[79] Carroll A B. The Pyramid of Corporate Social Responsibility: Toward the Moral Management of Organizational Stakeholders[J]. Business Horizons, 1991, 34(4): 39-48.

[80] Cennamo C, Berrone P, Cruz C, et al. Socioemotional Wealth and Proactive Stakeholder Engagement: Why Family–Controlled Firms Care More About Their Stakeholders[J]. Entrepreneurship Theory and Practice, 2012, 36(6): 1153-1173.

[81] Centola D. The Spread of Behavior in an Online Social Network Experiment[J]. Science, 2010, 329(5996): 1194-1197.

[82] Cheng B, Ioannou I, Serafeim G. Corporate Social Responsibility and Access to Finance[J]. Strategic Management Journal, 2014, 35(1): 1-23.

[83] Chin M K, Hambrick D C, Treviño L K. Political Ideologies of CEOs: The Influence of Executives' Values on Corporate Social Responsibility[J]. Administrative Science Quarterly, 2013, 58(2): 197-232.

[84] Clarkson M E. A Stakeholder Framework for Analyzing and Evaluating Corporate Social Performance[J]. Academy of Management Review, 1995, 20(1): 92–117.

[85] Crilly D, Sloan P. Autonomy or Control? Organizational Architecture and Corporate Attention to Stakeholders[J]. Organization Science, 2014, 25(2): 339–355.

[86] Davis, P, Freeman, E. Technology Assessment and Idealized Design[M]// Elton, M., W. Lucas and D. Conrath. Evaluating new Telecommunications services(eds.). New York: Plenum Press, 1978.

[87] Di Giuli A, Kostovetsky L. Are red or Blue Companies More Likely to go Green? Politics and Corporate Social Responsibility[J]. Journal of Financial Economics, 2014, 111(1): 158–180.

[88] DiMaggio P J, Powell W W. The Iron Cage Revisited: Institutional Isomorphism and Collective Rationality in Organizational Fields[J]. American Sociological Review, 1983.48（2）: 147–160.

[89] Dobbin, F. The New Economic Sociology: A Reader[M]. Princeton University Press, 2004.

[90] Dobbin F, Dowd T J. The Market that Antitrust Built: Public Policy, Private Coercion, and Railroad Acquisitions, 1825 to 1922[J]. American Sociological Review, 2000.65（5）: 631–657.

[91] Donaldson T, Preston L E. The Stakeholder Theory of the Corporation: Concepts, Evidence, and Implications[J]. Academy of Management Review, 1995, 20(1): 65–91.

[92] Eccles R G, Ioannou I, Serafeim G. The Impact of Corporate Sustainability

on Organizational Processes and Performance[J]. Management Science, 2014, 60(11): 2835-2857.

[93] Eisenhardt K M. Building Theories From Case Study Research[J]. Academy of Management Review, 1989, 14(4): 532-550.

[94] Eisenhardt K M, Graebner M E. Theory Building From Cases: Opportunities and Challenges[J]. Academy of Management Journal, 2007, 50(1): 25-32.

[95] Falck O, Heblich S. Corporate Social Responsibility: Doing Well By doing Good[J]. Business Horizons, 2007, 50(3): 247-254.

[96] Feldman M S, Orlikowski W J. Theorizing Practice and Practicing Theory[J]. Organization Science, 2011, 22(5): 1240-1253.

[97] Flammer C. Corporate Social Responsibility and Shareholder Reaction: The Environmental Awareness of Investors[J]. Academy of Management Journal, 2013, 56(3): 758-781.

[98] Flammer C. Does Corporate Social Responsibility Lead to Superior Financial Performance? A Regression Discontinuity Approach[J]. Management Science, 2015, 61(11): 2549-2568.

[99] Flammer C, Luo J. Corporate Social Responsibility as an Employee Governance Tool: Evidence From a Quasi-Experiment[J]. Strategic Management Journal, 2017, 38(2): 163-183.

[100] Freeman R E. Divergent Stakeholder Theory[J]. Academy of Management Review, 1999, 24(2): 233-236.

[101] Freeman, R. E. Strategic Management: A Stakeholder Approach[M]. Cambridge: Cambridge University Press, 2010.

[102] Freeman, R. E. Strategic Management: A Stakeholder Approach[M]. Boston: Pitman, Marshfield, 1984.

[103] Freudenreich B, Lü deke-Freund F, Schaltegger S. A Stakeholder Theory Perspective on Business Models: Value Creation for Sustainability[J]. Journal of Business Ethics, 2020, 166(1): 3-18.

[104] Friedman M. The Social Responsibility of Business is to Increase Its Profits[N]. The New York Times Magazine, 1970-09-13.

[105] Frooman J. Stakeholder Influence Strategies[J]. Academy of Management Review, 1999, 24(2): 191-205.

[106] Glaser B. G, Strauss A. L. The Discovery of Grounded Theory: Strategies for Qualitative Research[M]. Chicago: Aldine, 1967.

[107] Godfrey P C. The Relationship Between Corporate Philanthropy and Shareholder Wealth: A Risk Management Perspective[J]. Academy of Management Review, 2005, 30(4): 777-798.

[108] Goodstein J, Gautam K, Boeker W. The Effects of Board Size and Diversity on Strategic Change[J]. Strategic Management Journal, 1994, 15(3): 241-250.

[109] Gottschalk P. Stages of Corporate Social Responsibility[M]//Örtenblad A. Research Handbook on Corporate Social Responsibility in Context. Edward Elgar Publishing, 2016.

[110] Greenwood M. Stakeholder Engagement: Beyond the Myth of Corporate Responsibility[J]. Journal of Business Ethics, 2007, 74(4): 315-327.

[111] Grönroos C, Ravald A. Service as Business Logic: Implications for Value Creation and Marketing[J]. Journal of Service Management, 2011, 22(1): 5-22.

[112] Gupta A, Briscoe F, Hambrick D C. Red, Blue, and Purple Firms: Organizational Political Ideology and Corporate Social Responsibility[J]. Strategic Management Journal, 2017, 38(5): 1018-1040.

[113] Gupta A K, Raj S P, Wilemon D. A Model for Studying R&D‐Marketing Interface in the Product Innovation Process[J]. Journal of Marketing, 1986, 50(2): 7-17.

[114] Hillman A J, Keim G D. Shareholder Value, stakeholder Management, and Social Issues: What's the Bottom line? [J]. Strategic Management Journal, 2001, 22(2): 125-139.

[115] Hörisch J, Freeman R E, Schaltegger S. Applying Stakeholder Theory in Sustainability Management: Links, Similarities, Dissimilarities, and a Conceptual Framework[J]. Organization and Environment, 2014, 27(4): 328-346.

[116] Howard-Grenville J, Nelson A J, Earle A G, et al. "If Chemists Don't do it, Who is Going to?" Peer-Driven Occupational Change and the Emergence of Green Chemistry[J]. Administrative Science Quarterly, 2017, 62(3): 524-560.

[117] Hull C E, Rothenberg S. Firm Performance: The Interactions of Corporate Social Performance with Innovation and Industry Differentiation[J]. Strategic Management Journal, 2008, 29(7): 781-789.

[118] Jamali D. A stakeholder Approach to Corporate Social Responsibility: A Fresh Perspective into Theory and Practice[J]. Journal of Business Ethics, 2008, 82(1): 213-231.

[119] Jensen M C. Value Maximization, Stakeholder Theory, and the Corporate Objective Function[J]. Journal of Applied Corporate Finance, 2001, 14(3): 8-21.

[120] Jiraporn P, Chintrakarn P. How do Powerful CEOs View Corporate Social Responsibility (CSR)? An Empirical Note[J]. Economics Letters, 2013, 119(3): 344-347.

[121] Jones, T. M. Instrumental Stakeholder theory: A Synthesis of Ethics and Economics[J]. Academy of Management Review, 1995, 20(2): 404-437.

[122] Jones T M, Wicks A C. Convergent Stakeholder Theory[J]. Academy of Management Review, 1999, 24(2): 206-221.

[123] Jones T M, Felps W, Bigley G A. Ethical Theory and Stakeholder-Related Decisions: The Role of Stakeholder Culture[J]. Academy of Management Review, 2007, 32(1): 137-155.

[124] Jones T M, Harrison J S, Felps W. How Applying Instrumental Stakeholder Theory Can Provide Sustainable Competitive Advantage[J]. Academy of Management Review, 2018, 43(3): 371-391.

[125] Kennedy M T, Fiss P C. Institutionalization, Framing, And Diffusion: The Logic of TQM Adoption and Implementation Decisions Among US Hospitals[J]. Academy of Management Journal, 2009, 52(5): 897-918.

[126] Krause R, Wu Z, Bruton G D, et al. The Coercive Isomorphism Ripple Effect: An investigation of Nonprofit Interlocks on Corporate Boards[J]. Academy of Management Journal, 2019, 62(1): 283-308.

[127] Langley A. Strategies for Theorizing From Process Data[J]. Academy of Management Review, 1999, 24(4): 691-710.

[128] Laplume A O, Sonpar K, Litz R A. Stakeholder Theory: Reviewing a Theory That Moves Us[J]. Journal of Management, 2008, 34(6): 1152-1189.

[129] Leavitt K, Reynolds S J, Barnes C M, et al. Different Hats, Different Obligations: Plural Occupational Identities and Situated Moral Judgments[J]. Academy of Management Journal, 2012, 55(6): 1316-1333.

[130] Leonidou E, Christofi M, Vrontis D, et al. An Integrative Framework of Stakeholder Engagement for Innovation Management and Entrepreneurship Development[J]. Journal of Business Research, 2018（119）: 245-258.

[131] Lins K V, Servaes H, Tamayo A. Social Capital, Trust, and Firm Performance: The Value of Corporate Social Responsibility During the Financial Crisis[J]. The Journal of Finance, 2017, 72(4): 1785-1824.

[132] Luo X R, Wang D, Zhang J. Whose Call to Answer: Institutional Complexity and Firms' CSR reporting[J]. Academy of Management Journal, 2017, 60(1): 321-344.

[133] Luo X, Wang H, Raithel S, et al. Corporate Social Performance, Analyst Stock Recommendations, And Firm Future Returns[J]. Strategic Management Journal, 2015, 36(1): 123-136.

[134] Luoma P, Goodstein J. Stakeholders and Corporate Boards: Institutional Influences on Board Composition and Structure[J]. Academy of Management Journal, 1999, 42(5): 553-563.

[135] Mackey A, Mackey T B, Barney J B. Corporate Social Responsibility and Firm Performance: Investor Preferences and Corporate Strategies[J]. Academy of Management Review, 2007, 32(3): 817-835.

[136] Marquis C, Lee M. Who is Governing Whom? Executives, Governance, and the Structure of Generosity in Large US Firms[J]. Strategic Management Journal,

2013, 34(4): 483-497.

[137] Marquis C, Qian C. Corporate Social Responsibility Reporting in China: Symbol or Substance? [J]. Organization Science, 2014, 25(1): 127-148.

[138] Marquis C, Tilcsik A. Institutional Equivalence: How Industry and Community Peers Influence Corporate Philanthropy[J]. Organization Science, 2016, 27(5): 1325-1341.

[139] Meyer J, Rowan B. Institutional Organizations: Formal Structure as Myth and Ceremony[J]. American Journal of Sociology, 1977(83): 440-463.

[140] McWilliams A, Siegel D. Corporate Social Responsibility and Financial Performance: Correlation or Misspecification? [J]. Strategic Management Journal, 2000, 21(5): 603-609.

[141] McWilliams A, Siegel D. Corporate Social Responsibility: A Theory of the Firm Perspective[J]. Academy of Management Review, 2001, 26(1): 117-127.

[142] Mitchell R K, Agle B R, Wood D J. Toward a Theory of Stakeholder Identification and Salience: Defining the Principle of Who and What Really Counts[J]. Academy of Management Review, 1997, 22(4): 853-886.

[143] Nason R S, Bacq S, Gras D. A Behavioral Theory of Social Performance: Social Identity and Stakeholder Expectations[J]. Academy of Management Review, 2018, 43(2): 259-283.

[144] Ogden S, Watson R. Corporate Performance and Stakeholder Management: Balancing Shareholder and Customer Interests in the UK Privatized Water Industry[J]. Academy of Management journal, 1999, 42(5): 526-538.

[145] Pfeffer J. New Directions for Organization Theory: Problems and

Prospects[M]. Oxford University Press on Demand, 1997.

[146] Petrenko O V, Aime F, Ridge J, et al. Corporate Social Responsibility or CEO Narcissism? CSR Motivations and Organizational Performance[J]. Strategic Management Journal, 2016, 37(2): 262-279.

[147] Pfeffer, J. Management as Symbolic Action[J]. Research in Organizational Behavior, 1981(3): 1-52.

[148] Pfeffer, J. New Directions for Organization Theory: Problems and Prospects[M]. New York and Oxford: Oxford University Press, 1997.

[149] Porter M E, Kramer M R. Philanthropy's New Agenda: Creating value[J]. Harvard Business Review, 1999, 77(11/12): 121-130.

[150] Porter M E, Kramer, M. R. The link Between Competitive Advantage and Corporate Social Responsibility[J]. Harvard Business Review, 2006, 84(12), 78-92.

[151] Porter M E, Kramer M R. Creating Shared Value[J]. Harvard Business Review, 2011, 89(1/2), 62-77

[152] Prahalad C K, Ramaswamy V. Co-creating Unique Value With Customers[J]. Strategy and Leadership, 2004, 32(3): 4-9.

[153] Rajgopal S, Venkatachalam M. Financial Reporting Quality and Idiosyncratic Return Volatility[J]. Journal of Accounting and Economics, 2011, 51(1-2):p.1-20.

[154] Ranganathan A. Professionalization and Market Closure: The Case of Plumbing in India[J]. ILR Review, 2013, 66(4): 902-932.

[155] Reskin B F. Including Mechanisms in Our Models of Ascriptive Inequality[J]. American Sociological Review, 2003,68(1): 1-21.

[156] Rossman G. The Diffusion of the Legitimate and the Diffusion of Legitimacy[J]. Sociological Science, 2014, 1: 49-69.

[157] Ruf B M, Muralidhar K, Paul K. The Development of a Systematic, Aggregate Measure of Corporate Social Performance[J]. Journal of Management, 1998, 24(1): 119-133.

[158] Sandhu S, Kulik C T. Shaping and Being Shaped: How Organizational Structure and Managerial Discretion Co-evolve in New Managerial Roles[J]. Administrative Science Quarterly, 2019, 64(3): 619-658.

[159] Savage G T, Bunn M D, Gray B, et al. Stakeholder Collaboration: Implications for Stakeholder Theory and Practice[J]. Journal of Business Ethics, 2010, 96(1): 21-26.

[160] Scott S M. Institutions and organizations[M]. London: Sage Publications, 1995.

[161] Selsky J W, Parker B. Cross-Sector Partnerships to Address Social Issues: Challenges to Theory and Practice[J]. Journal of Management, 2016, 31(6):849-873.

[162] Shiu Y M, Yang S L. Does Engagement in Corporate Social Responsibility Provide Strategic Insurance-Like Effects? [J]. Strategic Management Journal, 2017, 38(2): 455-470.

[163] Shropshire C. The Role of the Interlocking Director and Board Receptivity in the Diffusion of Practices[J]. Academy of Management Review, 2010, 35(2): 246-264.

[164] Souder W E, Moenaert R K. Integrating Marketing and R&D Project Personnel Within Innovationprojects: an Information Uncertainty Model[J]. Journal of

Management Studies, 1992, 29(4): 485-512.

[165] Suddaby R, Viale T. Professionals and Field-Level Change: Institutional Work and the Professional Project[J]. Current Sociology, 2011, 59(4): 423-442.

[166] Strang D, Soule S A. Diffusion in Organizations and Social Movements: From Hybrid Corn to Poison Pills[J]. Annual Review of Sociology, 1998, 24(1): 265-290.

[167] Strang D, Meyer J W. Institutional Conditions for Diffusion[J]. Theory and Society, 1993, 22(4): 487-511.

[168] Sutton J R, Dobbin F, Meyer J W, et al. The Legalization of the Workplace[J]. American Journal of Sociology, 1994, 99(4): 944-971.

[169] Surroca J, Tribó J A, Waddock S. Corporate Responsibility and Financial Performance: The Role of Intangible Resources[J]. Strategic Management Journal, 2010, 31(5): 463-490.

[170] Tang Y, Mack D Z, Chen G. The Differential Effects of CEO Narcissism and Hubris on Corporate Social Responsibility[J]. Strategic Management Journal, 2018, 39(5): 1370-1387.

[171] Tantalo C, Priem R L. Value Creation Through Stakeholder Synergy[J]. Strategic Management Journal, 2016, 37(2): 314-329.

[172] Tolbert P S, Zucker L G. Institutional Sources of Change in the Formal Structure of Organizations: The Diffusion of Civil Service Reform, 1880—1935[J]. Administrative Science Quarterly, 1983, 28(1): 22-39.

[173] Vandekerckhove W, Dentchev N A. A Network Perspective on Stakeholder Management: Facilitating Entrepreneurs in the Discovery of Opportunities[J]. Journal of Business Ethics, 2005, 60(3): 221-232.

[174] Van de Ven A H. Engaged Scholarship: A Guide for Organizational and Social Research[M]. Oxford: Oxford University Press on Demand, 2007.

[175] Vargo S L, Lusch R F. Evolving to a New Dominant Logic for Marketing[J]. Journal of Marketing, 2004, 68(1): 1–17.

[176] Wang H, Qian C. Corporate Philanthropy and Corporate Financial Performance: The Roles of Stakeholder Response and Political Access[J]. Academy of Management Journal, 2011, 54(6): 1159–1181.

[177] Wang H, Qian C. Corporate Philanthropy and Corporate Financial Performance: The Roles of

[178] Stakeholder Response and Political Access[J]. Academy of Management Journal, 2011, 54(6): 1159–1181.

[179] Williamson O E. The Economic Institutions of Capitalism[M]. New York: Simon and Schuster, 1985.

[180] Wood D J. Corporate social Performance Revisited[J]. Academy of Management Review, 1991, 16(4): 691–718.

[181] Wright A L, Zammuto R F, Liesch P W. Maintaining the Values of a Profession: Institutional Work and Moral Emotions in the Emergency Department[J]. Academy of Management Journal, 2017, 60(1): 200–237.

[182] Yin R K. Case Study Research: Design and Methods[M]. London: Sage Publications, Inc 2013.

[183] Zhang J, Marquis C, Qiao K. Do political Connections Buffer Firms From or Bind Firms to the Government? A Study of Corporate Charitable Donations of Chinese Firms[J]. Organization Science, 2016, 27(5): 1307–1324.